흉아리 애국자 갈소사전

숭실대HK+ 근대계몽기 서양영웅전기 번역총서 11

흉아리 애국자 갈소사전

: 헝가리 공화주의 혁명가 코슈트 전기

량치차오 저
이보상 역
손성준 옮김

발간사

숭실대학교 한국기독교문화연구원은 1967년 설립된, 명실공히 숭실대학교를 대표하는 인문학 연구원으로 발전하여 오늘에 이르렀다. 반세기가 넘는 역사 동안 다양한 학술행사 개최, 학술지 『기독교와 문화』(구 『한국기독문화연구』)와 '불휘총서' 30권 발간, 한국기독교박물관 소장 자료의 연구에 주력하면서, 인문학 연구원으로서의 내실을 다져왔다. 2018년에는 한국연구재단의 인문한국플러스(HK+) 사업 수행기관으로 선정되어 또 다른 도약의 발판을 마련하였다.

본 HK+사업단은 "근대 전환공간의 인문학, 문화의 메타모포시스"라는 아젠다로 문학과 역사와 철학을 아우르는 다양한 인문학 연구자들이 학제간 연구를 진행하고 있다. 개항 이래 식민화와 분단이라는 역사적 격변 속에서 한국의 근대(성)가 형성되어온 과정을 문화의 층위에서 살펴보는 것이 본 사업단의 목표이다. '문화의 메타모포시스'란 한국의 근대(성)가 외래문화의 일방적 수용으로도, 순수한 고유문화의 내재적 발현으로도 환원되지 않는, 이문화들의 접촉과 충돌, 융합과 절합, 굴절과 변용의 역동적 상호작용을 통해 형성되었음을 강조하려는 연구 시각이다.

본 HK+사업단은 아젠다 연구 성과를 집적하고 대외적 확산과 소통을 도모하기 위해 총 네 분야의 총서를 발간하고 있다. 〈메타모포시스 인문학총서〉는 아젠다와 관련된 연구 성과를 종합한 저서나 단독 저서로 이뤄진다. 〈메타모포시스 번역총서〉는 아젠다와 관련하여 자료적 가치를 지닌 외국어 문헌이나 이론서들을 번역하여 소개한다. 〈메타모포시스 자료총서〉는 숭실대 한국기독교박물관에 소장된 한국 근대 관련 귀중 자료들을 영인하고, 해제나 현대어 번역을 덧붙여 출간한다. 〈메타모포시스 교양문고〉는 아젠다 연구 성과의 대중적 확산을 위해 기획한 것으로 대중 독자들을 위한 인문학 교양서이다.

본 사업단의 연구가 진행되는 가운데 새로운 총서 시리즈인 〈근대계몽기 서양영웅전기 번역총서〉를 기획하였다. 1907년부터 1911년까지 집중적으로 출간된 서양 영웅전기를 현대어로 번역하여 학계에 내놓음으로써 해당 분야의 연구 자료로 제공하자는 것이 기획 의도이다.

총 17권으로 간행되는 본 시리즈의 영웅전기는 알렉산더, 콜럼버스, 워싱턴, 넬슨, 표트르, 비스마르크, 빌헬름 텔, 롤랑 부인, 잔 다르크, 가필드, 프리드리히, 마치니, 가리발디, 카보우르, 코슈트, 나폴레옹, 프랭클린 등 서양 각국을 대표하는 인물이다. 1900년대 출간 당시 개별 인물 전기로 출간된 것도 있고 복수의 인물들의 약전으로 출간된 것도 있다. 이 영웅전기는 국문이나 국한문으로 표기되어 있는데, 국문본이어도 출간 당시의 언어로 표기되어 있으므로 지금 독자가 읽기에는 다소 어려울 것으로 예상된다. 이에 원문을 현대어로 번역하고, 원자료를 영인하여 첨부함으로써 일반 독자는 물론 전문 연구자에게도 연구 자료로 제공하고자 했다. 현대어 번역은 해당 분야 전문가의 도움을 받았다. 본 시리즈가 많은 독자와 만날 수 있도록 애써 주신 연구자들께 감사드린다.

동양과 서양, 전통과 근대, 아카데미즘 안팎의 장벽을 횡단하는 다채로운 자료와 연구 성과를 집약한 메타모포시스 총서가 인문학의 지평을 넓히고 사유의 폭을 확장하는 데 기여할 수 있기를 기대한다.

2025년 3월
숭실대학교 한국기독교문화연구원 HK+사업단장
장경남

차례

발간사 / 5
일러두기 / 9

헝가리 애국자 코슈트전 서(序) ⋯ 11
제1절 헝가리의 국체 및 역사 ⋯ 19
제2절 코슈트의 가세(家世)와 유년 시절 ⋯ 26
제3절 코슈트가 등장하기 전 헝가리의 정세 및 선배 ⋯ 28
제4절 의원(議員) 코슈트, 신문을 손수 필사하다 ⋯ 36
제5절 옥중의 코슈트 ⋯ 41
제6절 출옥 후 5년간 ⋯ 46
제7절 프레스부르크의 국회 ⋯ 51
제8절 헝가리의 내란과 원인 ⋯ 59
제9절 헝가리와 오스트리아의 개전과 헝가리의 독립 ⋯ 68
제10절 부다성의 수복과 두 영웅의 충돌 ⋯ 79
제11절 코슈트의 사직과 헝가리 멸망 ⋯ 86
제12절 코슈트의 말로와 헝가리의 앞길 ⋯ 91

해설 ⋯ 98
영인자료 ⋯ 170

일러두기

01. 번역은 현대어로 평이하게 읽힐 수 있는 것을 원칙으로 하였다.
02. 인명과 지명은 본문에서 해당 국가의 발음을 한글로 표기하고 각주에서 원문의 표기법과 원어 표기법을 아울러 밝혔다. 역사적 실존 인물인 경우 가급적 생몰연대도 함께 밝혔다.
    예) 루돌프(羅德福, Rudolf Ⅰ, 1218~1291)
03. 한자는 꼭 필요한 경우 괄호 안에 병기하였다.
04. 단락 구분은 원본을 기준으로 삼되, 문맥과 가독성을 위해 필요한 경우 번역자가 추가로 분절하였다.
05. 문장이 지나치게 길면 필요에 따라 분절하였고, 국한문 문장의 특성상 주어나 목적어 등 필수성분이 생략되어 어색한 경우 문맥에 따라 보충하여 번역하였다.
06. 원문의 지나친 생략이나 오역 등으로 인해 그대로 번역했을 때 의미가 잘 전달되지 않는 경우 번역자가 [ ] 안에 내용을 보충하여 번역하였다.
07. 대사는 현대의 용법에 따라 " "로 표기하였고, 원문에 삽입된 인용문은 인용단락으로 표기하였다.
08. 총서 번호는 근대계몽기 영웅 전기가 출간된 순서를 따랐다.
09. 책 제목은 근대계몽기에 출간된 원서 제목을 그대로 두되 표기 방식만 현대어로 바꾸고, 책 내용을 간결하게 풀이한 부제를 함께 붙였다.
10. 표지의 저자 정보에는 원저자, 근대계몽기 한국의 번역자, 현대어 번역자를 함께 실었다. 여러 층위의 중역을 거친 텍스트의 특성상 번역 연쇄의 어떤 지점을 원저로 정할 것인지가 문제였다. 일단 근대계몽기 한국의 번역자가 직접 참조한 판본부터 거슬러 올라가면서 번역 과정에서 많은 개작이 이뤄진 가장 근거리의 판본을 원저로 간주하고, 번역 연쇄의 상세한 내용은 각 권 말미의 해설에 보충하였다.

헝가리 애국자 코슈트전 서(序)

코슈트라는 자는 아시아 인종이 아니던가? 오늘날 사람들이 말할 때 꼭 아시아에는 인물이 없다고들 하나, 하늘이 재능 있는 자를 낼 때 어찌 동서양 간에 경계를 두었겠는가. 코슈트와 같은 인물은 세상에 드물지 않으나, 단지 사람들이 몰라볼 뿐이다. 청국(淸國)의 양임공(梁任公)[1] 선생은 지나(支那)에 인물이 없음에 분개하였으나, 또한 아시아에 큰 인물이 있음을 기뻐하지 않은 적이 없었다. 이 전기를 지어 세상에 널리 전하려 하였던 그의 뜻은 중국 사람들이 코슈트의 기풍을 들음으로써 분발하여 먹는 일도 잊어버리기를 바라는 데 있었다. 내 친구 진암(震盦) 씨는 조국의 몰락을 슬퍼하고 선비의 기상이 쇠퇴한 것을 애달파하여 이 책을 언문으로 번역하여 진실로 온 세상에 널리 퍼뜨리고자 하였다. 보는 눈이 있는 자라면 누구나 이를 볼 수 있게 하려 하였으니 아아, 두 사람의 뜻이 또한 같도다. 오늘날 세상을 살아가며 이 전기를 읽고 이 사람에 대해 들은 자가 팔을 휘두르며 팔소매를 걷어붙이고 조국을 위하여 수치를 씻고 머리를 북쪽으로 향하여[2] 죽기까지 싸울 결심을 하지 않을

---

1) 양임공(梁任公): '임공(任公)'은 량치차오(梁啓超, 1873~1929)의 자(字)이다.

수 있으랴? 저 두 사람 또한 가슴속 한(恨)을 조금은 풀 수 있을 것이로다. 비바람 내리치고 닭이 우는 세상의 도리가 어두워진 이때에, 코슈트와 같은 이를 또 어찌 다시 만날 수 있겠는가.

서력 1907년 12월 10일
수창(壽昌) 기우생(杞憂生) 서정열(徐廷說) 제(題)

---

2) 머리를 북쪽으로 향하여: 북방에 장례를 하되 머리를 북쪽으로 두게 하는 것은 삼대 시대의 공통된 예로 사후 세계로 갔기 때문이다.

서(序)

　청국의 양임공은 수천 편의 글을 지어 세상 사람을 깨우치고자 하였으나 사람들은 끝내 깨우치지 못하였고, 청나라 또한 점점 침몰하였다. 나 또한 글이란 것으로는 사람의 마음을 감동시키기 어렵다는 것을 알게 되었다. 이미 그러한데도 또다시 량(梁) 씨가 저술한 『코슈트전』을 번역하는 까닭은 무엇인가? 오늘날 인재를 논하는 자들은 기어코 동서의 경계에 가두어 곤륜산 서쪽에 거하는 자는 총명하고 지혜롭지 않은 자가 없다고 하고, 그 동쪽에 거하는 자는 철문 앞에 가로막힌 듯이 아득하여 미치지 못하는 양 여긴다. 그런 자들이 어찌 헝가리의 역사와 코슈트의 전기를 읽고도 그렇게 생각할 수 있겠는가? 코슈트는 아시아의 사람이다. 아시아에는 이름이 알려지지 않았으나, 유럽에 공이 있었던 자니, 어찌 아시아의 잘못이 아니겠는가? 그렇다면 아시아의 인재가 유럽에서 쓰임 받는 데 또 어찌 한계가 있겠는가? 사람이 재능을 쓰지도 못하고, 또한 남을 위해 쓰이지도 못한다면, 얼마나 지나야 아시아의 인재들이 드러나겠는가? 유럽이 문명을 갖추게 된 이유는 그 시작에 임금과 재상이 포악했고, 강한 이웃이 사나웠으며, 종교가 다투고 인종들이 싸워 수백만이 피를 흘리고 굶주려 서로 마주하였으며, 거의 살아남는 자가 없었기 때문이다. 이로 인해 자극을 받아 분발하여 오늘날에 이른 것이다.

생각건대 아시아는 성군(聖君)과 어진 재상의 정치와 인의예지의 풍속 속에 젖어들고 편안해졌으니 편안해지자 게을러졌고, 게으름은 또한 흉년으로 이어졌다. 그렇다고 굳이 유럽처럼 격렬해야 하는 것은 아니니, 그저 손 한번 들고 발 한번 내딛어 한번 도약하면 나아갈 수 있는 것이다. 생각건대 지금껏 그것을 들어본 적 없는 것은, 도리어 그 연고를 알지 못하기 때문이다. 지금 아시아는 침체되고 또 몰락하였다. 나는 아시아가 분발하여 한번 도약할 것을 알기에 이 책을 번역하여 우리 동포들이 분발하는 데 작은 보탬이 되기를 바랄 뿐이다.

융희(隆熙) 2년(1908) 봄 중양당주인(中陽堂主人)
진암(震庵) 이보상(李輔相) 서(序)

헝가리 애국자 코슈트전

청국 신회(新會) 량치차오(梁啓超) 원저(原著)[3]
한국 구성(駒城) 이보상(李輔相) 역술(譯述)
　　진양(晉陽) 강문환(姜文煥) 근교(謹校)

발단[4]

어떤 사람이 신민자(新民子)[5]에게 물었다.

---

[3] 원저(原著): 엄밀히 말하면 량치차오는 원저자가 아니다. 그는 이시카와 야스지로(石川安次郎)의「ルイ、コッスート」(이하「루이 코슈트」)를 저본으로 삼아 코슈트 전기를 역술하였다.「루이 코슈트」는 마쓰무라 가이세키(松村介石) 등 10인이 공저한 『近世世界十偉人』(근세세계십위인)(文武堂, 1899)의 마지막 챕터로 수록되어 있다. 이하 해당 텍스트를 인용할 경우는 쪽수만 표기한다.

[4] 발단: 이보상이 옮긴 '발단'은 량치차오가 직접 저술한 부분에 해당한다. 이시카와 야스지로의「루이 코슈트」에도 별도의 서문이 존재했으나 량치차오는 이를 번역하지 않았다. 해당 내용은 다음과 같다. "나는 다년간의 연구에 의해 일본인종은 결코 한 종류의 인종으로 되어있지 않음을 알았다. 그리하여 그 잡박(雜駁)한 혈맥 중에 큰 부분으로서 지나(支那)의 북방에 거주하는 흉노의 피를 포함하고 있음을 알았다. 생각건대 흉노는 세계의 인종 가운데 가장 우세한 종족으로, 서쪽으로 이동하여 유럽의 중원에 널리 세력을 떨친 사람들은 헝가리인이 되었고, 동쪽 바다를 건너 이 섬나라에 온 이들은 일본인이 되었다. 지금 우리나라의 보수당은 자주 일본인의 약함을 슬퍼하여 일본인은 도저히 구미인에 이길 수 없다며 앞장서 외친다. 하지만 나는 5천 년 전의 동포가 유럽의 중원에서 의연(毅然)히 패업(霸業)을 성공시켜 위풍스런 홍백인종을 압도한 바가 있음을 본다. 우리 황백종족이 어찌 선천적으로 저들 홍백인종에 뒤질 이유가 있으리오. 러요시 코슈트는 우리가 5천 년 전에 헤어진 동포 가운데 한 영웅이다. 내가 지금 그의 경력을 서술하여 그 인물의 성행(性行)을 설파하고자 하는 것은 실로 우리 개국 진보주의의 발전에 자산이 되기를 바라는 자그마한 취지에 다름 아니다."(「루이 코슈트」, 792~793쪽)

"당신은 인물전을 신보(新報)⁶⁾에 연재하면서 어째서 코슈트를 맨 앞에 두었습니까?"

[신민자가] 말하길, 나는 전에 옛사람을 위하여 전(傳)을 짓고자 하였다. 우리나라도 예로부터 호걸이 적지 않지만, 옛사람은 이미 가버렸고 그 말과 행동이 우리에게 감동을 줄 만한 것이라 해도 지금 우리에게는 그렇게까지 절절하게 와닿지 않는다. 그래서 나는 최근의 인물을 골라 전기를 쓰고자 했는데 유럽과 미국의 근세의 호걸 중 우리를 감동시킬 만한 자들이 매우 많다. 그러나 나는 황인종이므로 황인종의 호걸을 사랑함이 백인종의 호걸을 사랑함보다 더 간절하다. 나는 전제(專制)의 백성이므로 전제 아래에서 싸운 호걸에게 감응함이 자유의 나라에서 싸운 호걸보다 더 크다. 나는 고난 많은 시대의 사람이므로 성공한 호걸보다 실패한 호걸을 더 숭배한다. 내가 지금 근세 역사를 널리 살피니, 몸은 황인종이면서 나라를 백인의 땅에 맡기고, 일은 백인의 세계에서 일으키되, 황인종의 영광을 일으켜 세운 한 호걸이 있었으니 곧 코슈트였다.

전제 정치 아래에서 일어나 국민을 위해 자유를 펼치고자 하였으되, 자유는 비록 완전히 펴지지 못하였으나, 국민을 위해 전제를

---

5) 신민자(新民子): 량치차오를 지칭한다. 그가 1902년 1월에 창간한 『新民叢報』(신민총보), 그리고 해당 매체에 연재한 그의 대표적 논설 「新民說」(신민설) 등 '신민'은 이 시기 량치차오의 핵심 어휘였다.
6) 신보(新報): 『신민총보』를 뜻한다. 이보상이 저본으로 삼은 『음빙실문집』(飮氷室文集)의 「훙가리애국자갈소사전」에는 "叢報"(총보)(『음빙실문집』 14권, 廣智書局, 1902, 44쪽)라고 되어 있다. 이하 '저본'이라 함은 량치차오의 해당 텍스트를 뜻하며 인용 시에는 쪽수만 표기한다.

끝내 물리친 사람이 있었으니 이 또한 코슈트였다. 처한 입장은 실패에서 시작하여 성공으로 나아갔다가 다시 실패로 끝났으며, 품었던 희망은 성공에서 시작되어 실패 속에서 꺼졌다가 다시 성공으로 이어졌던 자, 한 호걸이 있으니 이름하여 코슈트라 하노라.

코슈트는 실로 근세의 큰 기인(奇人)이었다. 그가 선 위치도 기이하고, 처한 환경도 기이하고, 한 일도 기이하며, 말도 기이하고, 패배도 기이하고, 어느 순간의 영광도 또한 기이하였다. 요컨대 그의 이상(理想), 그의 기개, 그의 말, 그의 행동은 황인종이 본받을 만하고, 전제 국가의 백성이 본받을 만하며, 실의(失意)의 시대를 살아가는 이가 본받을 만하지 아니한가? 맹자께서 말씀하시기를, "백세 위에 떨쳐 일어나 백세 아래에 들은 자가 감동하여 일어나지 않음이 없다.7)" 하였는데, 하물며 바로 앞서 살아간 자가 아니겠는가? 코슈트가 세상을 떠난 지 불과 10년밖에 되지 않았으니, 내가 이 호걸을 추모함이 어찌 멀다고 하랴. 아, 이 전기를 읽는 뜨거운 피의 사내들이여, 일어날지어다.

---

7) 맹자께서 …… 없다: 『맹자』 진심 하(盡心下)에 "백세 위에서 떨쳐 일어남에 백세 아래에서 이를 듣고 흥기하지 않는 자가 없으니, 성인이 아니라면 이렇게 만들 수 있겠는가. 더군다나 직접 배운 제자의 경우야 더 말할 것이 있겠는가.(奮乎百世之上 百世之下 聞者莫不興起也 非聖人而能若是乎 而況於親炙之者乎)"라는 말이 나온다.

제1절

헝가리의 국체 및 역사[1]

현재 세계에 이른바 쌍립군주국(雙立君主國)[2]이라 하는 것이 있으니 우리나라 사람이 이 말을 들으면 그것이 무엇을 이르는지 이해하지 못할 것이나 '쌍립(雙立)'이라 함은 하나의 군주국 아래 두 개의 정부가 있다는 뜻이다. 그 헌법도 서로 다르고, 그 풍속도 다르며, 그 정부의 위엄도 서로 대등하고, 그 국민의 권리도 서로 대등하지만 그 실제를 말하자면 명백히 두 나라이고, 특히 한 명의 군주만을 그 위에 모실 뿐이니 이는 근래 가장 새롭고도 기이하며 기뻐할 만한 정치제도라 할 만하다.

[1] 제1절 헝가리의 국체 및 역사: 량치차오가 저본으로 삼은 이시카와 판본, 즉 「루이 코슈트」의 해당 챕터명은 '제1 헝가리 건국의 유래'이다.
[2] 쌍립군주국(雙立君主國): 저본에는 영문 표기 "The Dual Monarchies"(44쪽)가 괄호로 병기되어 있다. '쌍립군주국'은 일반적으로 '이중국체', '이중제국' 등으로도 통용되는데, 하나의 제국 아래 두 개의 국가가 각각 독립적인 입법부와 행정부를 두고 두 정부 내부의 문제와 관련해서는 권리를 행사할 수 있는 정치체제를 지칭한다. 오스트리아-헝가리 이중제국(Austro-hungarian Dual Empire)의 경우, 합스부르크 가문의 황제 아래서 실질적으로는 오스트리아 중심으로 통합된 것이다. 두 주체 사이의 '대타협(Ausgleich)'이 이루어진 1867년부터 시작된 이 체제는 제1차 세계대전이 끝난 1918년까지 이어졌다. 쌍립군주국은 이시카와 야스지로의 「루이 코슈트」에서는 제기되지 않은, 량치차오가 특별히 주목한 화두였다.

세계 중에 이와 같은 정치체제를 실제로 시행하는 나라가 둘 있는데, 그 하나는 스웨덴[3]과 노르웨이[4]이고, 또 하나는 오스트리아[5]와 헝가리[6]이다. 이러한 국체는 영국 황제의 휘호와도 다르니 비록 그레이트브리튼[7]왕 겸 아일랜드[8]왕이라 하지만, 아일랜드가 자체적으로 정부를 갖지는 않는다. 또한 독일과 프로이센[9] 군주국과도 다르니 독일 황위가 실상은 프로이센 국왕의 계승이지만, 독일과 프로이센에 각각 정부가 있다. 프로이센 정부는 독일 정부를 대함에 몇 가지 권한이 있어, 독일 정부가 프로이센 정부와 동등한 것은 아니다. 오스트리아-헝가리 등의 쌍립국에 이르면 그 실정이 전혀 이와 반대라 쌍립국이라는 것은 실로 불가사의한 현상이요, 또한 과도기 시대의 부득이하면서도 가장 적절한 법제이다. 오스트리아와 헝가리 두 나라가 합쳤다가 갈라지고, 갈라졌다가 다시 합침으로써 이러한 기이한 정치 체제를 이루게 되었으니 그 원인과 경과가 어떠한가는 코슈트의 전기를 읽으면 가히 알 수 있을 것이다.[10]

원한다면 헝가리의 역사를 들려주고자 한다. 헝가리 사람은 아

---

3) 스웨덴(瑞典, Sweden)
4) 노르웨이(挪威, Norway)
5) 오스트리아(奧/奧大利/奧大利國, Austria)
6) 헝가리(匈牙利, Hungary)
7) 그레이트브리튼(大不列顚, Great Britain)
8) 아일랜드(愛爾蘭, Ireland)
9) 프로이센(普國, Preussen)
10) 현재 세계에 …… 있을 것이다.:「루이 코슈트」에는 없는 내용이다. 량치차오에 의해 독자적으로 첨가되었고 이보상에 의해 옮겨졌다. 이시카와 판본에 대한 량치차오의 태도와는 달리, 이보상은 량치차오의 문장을 시종 충실히 번역하였다.

시아의 황인종이요, 옛 흉노의 후예다. 서력 372년에 흉노의 한 부락이 카스피해[11] 북부에서 기름진 땅에 침입하였다가 기원후 1000년에 이르러 왕국의 형태를 만들었다. 그들이 동방의 강족(强族)으로서 서방 공기에 몸을 씻은 고로, 견인불발(堅忍不拔)하고 자유를 숭상하여 1222년에 헌법을 제정하여 소위 금우헌장(金牛憲章)[12]이라는 것이 생기니, 실로 나라의 귀족이 그 왕으로 더불어 정정(訂定)한 조약이었다. 내용 중에 군역(軍役) 의무의 제한과 조세조례의 규정과 사법재판의 제재를 하나하나 명확히 정하고 또한 말하되 국왕이라도 이 헌법을 위반하면 인민이 방패와 창을 들고 항거할 권리가 있었다. 대저 헝가리의 입헌정신이 여기 있으니 지금 세상에 정치학자가 걸핏하면 영국을 헌법의 조종(祖宗)이라 칭하나 이 금우헌장의 성립함이 실로 그렇다. 오직 황인종이요 헝가리가 세계역사상 위치와 가치가 족히 빼어났다.[13]

다만 헝가리와 오스트리아의 관계를 보면, 380년 이래 1526년까지 튀르크[14] 왕 슐레이만[15]이 헝가리를 정벌한 것이 실로 6차례

---

11) 카스피해(裏海, Caspian Sea)
12) 금우헌장(金牛憲章): 1222년 헝가리의 앤드류 2세(Andrew II, 1205~1235)가 발표한 칙령으로서, 군주의 권한을 제도적으로 제한한 유럽 최초의 사례 중 하나로 평가받는다. 저본의 해당 대목에는 영문 표기 "Golden Bull"(45쪽)이 병기되어 있다. 「루이 코슈트」의 경우 영문 표기 대신 "金牛憲章"(794쪽)의 후리가나 형태로 "ゴルデン、ブール"(골든 불)이 제시되었다.
13) 내용 중에 …… 족히 빼어났다.: 량치차오가 다시 쓰며 새로운 정보를 추가한 대목이다. 「루이 코슈트」의 같은 대목은 금우헌장에 대한 부연설명으로 "영국의 마그나카르타는 그 후 300년이 지나서야 선포되었다. 헝가리는 이렇듯 영국보다 300년 전에 입헌왕국이 된 것이다."(794쪽)라고만 되어 있다.

다.[16] 흉악하게 위협하고 심하게 빼앗으니, 헝가리 왕 러요시 2세[17]가 전사하고 아들이 없었다. 그 왕후 마리아[18]는 사실 오스트리아 왕 페르디난드 1세[19]의 여동생이었다. 헝가리를 오스트리아와 합하여 페르디난드가 왕이 되게 하니, 이후로 헝가리는 영구히 오스트리아의 속지가 되었다.[20] 그러나 페르디난드도 오히려 국민을 우

14) 튀르크(土耳其/突厥, Türk).
15) 슐레이만(査理曼, Suleiman I, 1494~1566): 오스만 제국의 10대 술탄으로, 1520년부터 1566년까지 제위를 지냈다. 그의 통치 기간은 오스만 제국의 최전성기로 평가받는다.
16) 다만 …… 6차례다.: 이 문장에 앞서 「루이 코슈트」의 다음 내용이 생략되었다. "그 후 1241년에 몽골의 급작스런 공격을 받아 헝가리의 문물이 파괴됨이 마치 폭풍과 같았다. 그리하여 반발심에 넘친 헝가리국민이 이러한 고통을 견디어고 그 [몽골의 지배의] 경영이 끝날 때에 또 다시 튀르크의 침입을 맞았다. 그 후 튀르크가 헝가리를 괴롭힌 일은 참으로 서너 차례로 끝나지 않았다. 우리의 5천 년 전의 동포는 유럽에 들어온 후에 유럽인과의 싸움에서는 많은 실패를 맛보지 않았으나, 오히려 동족의 한 갈래인 몽골인 및 튀르크인에게는 고초를 겪었다."(794쪽)
17) 러요시 2세(路易, Louis/Lajos II, 1506~1526): 16세기 초 헝가리와 보헤미아의 국왕으로, 오스만 제국과의 결정적 전투인 '모하치 전투(1526)'에서 전사하였다.
18) 마리아(馬利亞, Maria of Austria, 1505~1558): 합스부르크 왕가의 인물로, 남편의 전사 이후 스페인 및 네덜란드 정치에 관여한 중요한 여성 정치가였다.
19) 페르디난드 1세(菲荻能第一, Ferdinand I, 1503~1564): 루이 2세 사후 헝가리와 보헤미아 왕위를 계승한 인물로, 훗날 신성로마제국 황제(재위 1558~1564)로 즉위하는 등 합스부르크 세력 확장의 중심에 있었다.
20) 그 왕후 …… 속지가 되었다.: 량치차오에 의해 크게 압축된 내용으로, 「루이 코슈트」의 해당 부분은 다음과 같다. "그리하여 투르크군의 토벌을 피한 헝가리 귀족 일파인, 헝가리의 한 주(州) 트란실바니아(Tatabánya)의 호족 스자폴야이(Szapolyai János)를 추대하여 헝가리왕으로 삼기에 이르자, 고(故) 러요시 2세의 왕비 마리아는 이를 듣고 크게 노하여, 그해 12월 26일 서방 제국 귀족회의를 개최하여 스자폴야이 무리가 외람되게도 헝가리의 왕위를 칭함은 예에 어긋난 일이라고 선언하고, 나아가 자기 집안의 형제인 오스트리아 국왕 페르디난드(Ferdinnd) 1세가 헝가리를 통치할 것을 결의하였다. 이것이 헝가리가 오스트리아의 영토로 편입되어 오늘에

선 향하여 그 헌법을 지키기를 맹세한 후에야 왕위에 올랐으니, 이후 백여 년간 헝가리인이 방패와 창을 잡고서 폭정에 항거하는 권리는 잃어버리지 않았다.

그러므로 18세기 이전 유럽 대륙의 국민이 그 자유와 자치의 행복을 누린 것은 헝가리에서 비롯된 것이 가장 컸다. 헝가리 국민은 의협의 백성이다. 전 오스트리아 여왕 마리아 테레지아[21]의 시대에 프로이센과 작센[22](독일연방의 일국)[23]과 프랑스 제국(諸國)군이 연합하여 오스트리아를 쳤다. 오스트리아 여왕이 헝가리의 포소니[24]로 피난하여 헝가리 국회를 열어 그 백성에게 도움을 구하니 헝가리인은 의분을 격발하여 연합군을 패퇴시켰다.[25] 그 후 나폴레옹이 유럽을 유린하니 오스트리아의 피해가 극심하였다. 오스트리

이르게 된 까닭이 되었다."(795쪽) 이하 「루이 코스트」 인용 시 영문 병기는 인용자에 의한 것이다.

21) 마리아 테레지아(馬利亞의 黎沙, Maria Theresia, 1717~1780): 오스트리아 합스부르크 가문의 여대공으로, 신성로마제국 황후이자 오스트리아의 국모로 불린다. 오스트리아 왕위 계승 전쟁(1740~1748)과 개혁정치를 통해 근대적인 중앙집권 체제와 교육 개혁을 이끈 계몽군주이다.

22) 작센(撒孫, Saxony)

23) (독일연방의 일국): 이보상과 량치차오의 판본에서 작은 활자로 주석 처리된 부분이다. 이하 같은 방식의 주석은 괄호로 병기하여 구분하도록 한다.

24) 포소니(坡士穽尼, Pozsony)

25) 패퇴시켰다.: 「루이 코슈트」의 경우, 이로부터 다음 내용이 이어지지만 량치차오에 의해 생략되었다. "비엔나 정부는 이제 헝가리의 세력을 능히 제압할 수 없게 되었다. 마리아 테레지아의 재세(在世) 중에는 과연 오스트리아와 헝가리 양국 간의 풍파는 일어나지 않았다. 하지만 그 아들 요제프(Josef) 2세가 즉위하자, 헝가리국민은 그의 정책에 반항하여 그 후 비엔나 정부가 제어하기 어려운 국민들이 되었다."(797~798쪽)

아 왕 프란츠 1세[26]가 또한 헝가리인의 의협에 힘을 의탁하여 겨우 스스로를 지키니 헝가리가 오스트리아를 도운 일이 이것만이 아니었다.

빈 회의[27]는 이미 종료되고 신성동맹(神聖同盟)[28]이 수립되니 (1815년의 일이다. 나폴레옹의 풍조가 멎으니 각국 군주가 그 국민을 압박하기 위하여 러시아,[29] 프로이센, 오스트리아 세 황제가 이 회의를 시작하였다. 서로 원조함으로써 백성을 지키기로 맹세한 것이다) 오스트리아인은 헝가리인의 덕을 생각하지 않고 거꾸로 증오하고 시기하였다. 오스트리아 재상 메테르니히[30]는 절세의 간웅이다. 밖으로는 열방을 조종하고 안으로는 민기(民氣)를 압제하여 헝가리인의 800년 민권이 거의 쇠락해졌다.[31] 모진 고난에 새 우는 소리 들을 수 없음을

---

26) 프란츠 제1세(佛蘭西王第一/佛蘭西士, Franz I of Austria, 1768~1835): 1804년에 오스트리아 제국을 선포하여 초대 황제가 되었다. 1806년에 해체된 신성 로마 제국의 마지막 황제(프란츠 2세)이기도 하다. 빈 회의에서 중심적인 역할을 했고, 보수적 정치 성향으로 민족주의 운동을 억압하였다.
27) 빈 회의(維也納會議, Congress of Vienna): 1814~1815년 오스트리아 빈에서 열린 국제 회의로, 나폴레옹 전쟁 이후 유럽의 질서를 재정비하는 데 목적이 있었다. 오스트리아, 러시아, 프로이센, 영국, 프랑스 등이 참여했으며, 복고주의·정통주의·세력균형을 원칙으로 하는 '빈 체제'를 수립하였다.
28) 신성동맹(神聖同盟, Holy Alliance): 러시아·오스트리아·프로이센 3국 군주가 맺은 동맹으로, 기독교적 군주정 질서를 수호하고 자유주의·민족주의 운동을 억제하는 데 목적이 있었다. 보수적 왕정질서의 국제적 연대로 기능했다.
29) 러시아(俄/俄羅斯, Russia)
30) 메테르니히(梅特涅, Klemens von Metternich, 1773~1859): 오스트리아 제국의 외무장관이자 수상으로, 빈 회의를 주도하여 유럽의 보수 질서를 확립한 대표적 보수 정치가이다.
31) 빈 회의가 …… 되었다.: 「루이 코슈트」에는 없는 내용이다. 즉, 량치차오에 의해 첨가되었다.

슬퍼하고 비바람 몰아쳐 잠룡이 일어날 때를 바라니, 시세가 영웅을 만드는구나. 코슈트는 실로 이때 태어난 아이였다.

제2절

코슈트의 가세(家世)와 유년 시절[1]

1802년은 유럽의 가장 큰 기념이 되는 해이다. 세상을 뒤흔든 기이한 호걸 나폴레옹[2]도 이 해에 즉위하여 프랑스 왕이 되었고, 유럽 대륙의 풍운아 코슈트도 또한 이 해 4월 27일에 헝가리 북부 젬플렌주[3]에서 태어났으니 코슈트의 본명은 러요시[4]이다. 가계는 비록 귀족은 아니었으나, 그 부친은 본래 애국으로 명망이 있던 사람이었다. 그 모친은 열심히 신앙생활을 하던 신교도였다.[5] 어려서부터 좋은 교육을 받아 성품이 고상하였고 열정은 남달라서 우연

---

1) 제2절 코슈트의 가세(家世)와 유년 시절: 제2절은 량치차오가「루이 코슈트」의 '제2 그가 태어난 시대'와 '제3 가정 및 교육'을 통합한 것이다.
2) 나폴레옹(拿破崙, Napoléon I, 1769~1821)
3) 젬플렌주(精布梭省, Zemplén)
4) 러요시(路易, Louis/Lajos): 저본에는 영문 표기 "Louis Kossuth"(46쪽)가 병기되어 있다. 'Louis'의 경우 헝가리 원어로는 'Lajos'로 표기된다.
5) 가계는 …… 신교도였다.:「루이 코슈트」에서 이 대목은 "아버지는 안드라스(András)라고 하며 투로크(Turóc) 주에서 이주한 자이다. 그 가계는 귀족은 아니지만 또 결코 비천한 것도 아니어서 애국자로서 세상에 알려진 인물의 혈통에 속해 있었으며, 어머니는 카롤리나 베버(Karolina Weber)라 하며 열성적인 신교도였다."(798~799쪽)라고 되어 있다. 부모의 출신이나 이름 등 세부사항이 생략된 것은 량치차오의 번역 과정에서이다.

히 일어날 사람이 아니었다. 코슈트는 일찍이 총명하여 겨우 16살이 되었을 때 포토크부(府)⁶⁾의 칼뱅대학교⁷⁾를 졸업해 명성이 대단했다. 그는 항상 사람들에게 말하였다.

"장부(丈夫)의 뜻이 한번 서면 어떤 일을 이루지 못하겠는가!"

이에 듣는 이마다 감탄하지 않는 자가 없었다.⁸⁾

17살이 되어 비로소 법률을 연구하게 된 그는 어느 부(府)⁹⁾의 재판소에 봉직하며 수련을 받고 실무를 익혔다. 항상 여러 곳을 유람하며 가는 곳마다 반드시 법정을 찾아 경험을 더 깊이 하였다. 1822년에 이르러 나이가 겨우 20살이 되었을 때 곧 법률가로서 나라 안에 널리 알려졌고 고향으로 돌아가 젬플렌주에서 명예 재판관¹⁰⁾이 되었다. 그의 천재적 재능은 실로 사람들을 놀라게 할 만한 것이 있었으니 이후 10년간 법률 분야에 종사하여 왕왕 산과 바다를 넘고 광야를 홀로 다니며, 혹은 사냥으로 담력을 단련하고, 혹은 연설로 웅변 실력을 길렀다. 사나운 새는 날개짓을 하려할 때 먼저 깃을 고르는 법이니 위인이 단련하는 바가 예로부터 반드시 있어 왔다.

---

6) 포토크부(巴特府, Potok)
7) 칼뱅대학교(卡文大學校, Calvin University)
8) 장부(丈夫)의 …… 없었다.:「루이 코슈트」에는 "그는 이 시대에 있어서 이미 적어도 뜻을 세워 무엇인가 이루지 않으면 하고 공공연히 말하기를 주저하지 않았다."(799쪽)라고 되어 있었으나 량치차오가 과잉된 언어로 다시 썼고 듣는 사람의 반응도 첨가했다. 이러한 성격의 '다시쓰기'는『갈소사전』전반에 걸쳐 나타난다.
9) 어느 부(府):「루이 코슈트」에는 "자스(Jász)주(州) 에베리부(府)"(799쪽)라며 세부 지명을 밝히고 있다.
10) 명예 재판관:「루이 코슈트」에는 "명예 검사(檢事)"(800쪽)라고 되어 있다.

제3절

코슈트가 등장하기 전 헝가리의 정세 및 선배[1]

19세기 헝가리사에는 세 영웅이 있었다. 앞에는 세체니[2] 백작이

---

[1] 제3절 코슈트가 등장하기 전 헝가리의 정세 및 선배: 제3절은 량치차오가 「루이 코슈트」의 '제4 세체니 백작의 공업(功業)', '제6 당시 오스트리아·헝가리의 형세'를 통합한 것이다. 콜레라 상황 속에서 고향을 위해 헌신한 에피소드를 다룬 '제5 고향의 은인(恩人)'의 경우는, 전체 내용이 번역 대상에서 제외되었다. 해당 내용은 다음과 같다.
"세체니 백작의 명성이 천하를 석권할 때, 불타는 듯한 혁명의 야심을 가슴속에 품고 젬플렌의 검사로서 10년 동안 고향의 산하를 벗 삼은 코슈트는 우연한 일로 고향의 은인이 되었다. 1831년 격렬한 콜레라가 헝가리를 덮쳤다. 그 여파는 이어져 평화로운 젬플렌에도 미쳤다. 가공할 병마는 삽시간에 평화로운 일대의 땅을 참담한 수라장으로 만들었다. 시체는 겹겹이 길가에 쌓였고 병고를 호소하는 소리로 집집마다 소란스러웠으며, 굶주림으로 소리치는 자와 목말라 물을 찾는 자의 비명소리로 무시무시한 정황에 빠졌다. 코슈트는 이러한 일대 재액(災厄)을 목격하고 개연(慨然)히 일어섰다. 그는 최대한의 힘을 다해 고향의 사람들을 구했다. 가련한 사람들 앞에 그는 마치 천사와 같이 나타나, 굶주린 자에게 빵을 주었고 목마른 자에게는 물을 주었으며 병든 자에게는 약을 베풀어, 그는 이 재앙으로 인해 고향의 대은인이 되어 그를 위해서는 죽음도 불사할 충실한 수천의 양민을 얻었다.
호기(好機)는 연이어 찾아와 다음해 1832년에 국회가 열렸다. 젬플렌은 망설임 없이 이 일대은인을 선출하여 국회에 진출시켰다. 그가 헝가리의 대위인이 되는 서막은 진정 이 국회에서 열린다."(806~807쪽)

[2] 세체니(士的英 沙志埃/沙志埃, Istvan Széchenyi, 1791~1860): 헝가리의 근대화를 이끈 개혁 정치가이자 사상가로, 철도·은행·학술원 설립 등 다방면에 기여했다. 코슈트보다 온건한 입장에서 점진적 개혁을 추구했다.

있었고, 중간에는 코슈트가 있었으며, 뒤에는 데아크3)가 있었으니, 국민의 구세주이며 역사 속의 밝은 별과 같은 존재였다. 코슈트가 세체니를 양성한 덕에 국력을 바탕으로 하여 일거에 세상을 놀라게 하였고, 그가 실패한 뒤에는 미완의 뜻을 데아크에게 의지하여 마침내 성공을 이루게 하였으니, 그러므로 코슈트를 위한 전기를 쓰고자 할 때, 앞뒤 두 영웅을 아울러 논하지 않을 수 없다.

세체니 백작은 온화당(溫和黨)이었고, 코슈트는 급진당(急進黨)이었다. 급진파인 코슈트 이전에 [급진당에는] 베셀레니4) 남작이 있었다. 그러므로 코슈트 이전 헝가리의 정세를 알기 위해서는 세체니와 베셀레니 두 선배가 그 대표라 하겠다. 헝가리는 본래 국회를 갖추고 있었으나, 신성동맹 체결 이후로 메테르니히는 전성기를 맞았고 전제 정치의 색채가 날로 짙어졌다.5) '외적의 위협은 별로 두려울 것이 없고, 오직 마땅히 힘써야 할 것은 집 안의 도적만을 막아야 할 뿐이다.'라고 보았던 그는 헝가리인을 '아직 날개와 깃털이 다 자라지 않았을 때를 틈타 미리 잘라버릴 것이다.'라고 생각했다. 이에 국회를 열지 않은 지 7년이 되었고(입헌군주국은 국회를 소집하는 권력을 모두 군주가 관장하였다6)), 뿐만 아니라 또 금우헌

---

3) 데아크(佛蘭西士 狄渥, Ferenc Deák, 1803~1876): 온건 자유주의자이자 법률가로, 헝가리의 자치 회복을 이끈 인물이다. 무력보다 법과 타협, 헌정주의를 중시하며 코슈트와는 다른 방식으로 헝가리 민족의 권리를 실현하였다.
4) 베셀레니(威哈林, 1796~1850): 헝가리 귀족 출신 개혁 정치가로, 사회 개혁·농노 해방·언론 자유를 주장하며 코슈트 이전의 민족주의 운동을 선도했다.
5) 세체니 백작은 …… 날로 짙어졌다.: 「루이 코슈트」에는 없는 대목으로 량치차오에 의해 첨가되었다.

장(金牛憲章)의 명문을 짓밟아 군대로 국민을 협박하여 병역을 강제하고, 조세를 중과하여 이전보다 몇 배에 이르니 저 의협심 강한 헝가리 국민이 어찌 두 손이 묶인 채 이러한 부당하고 무도한 행위를 좌시할 수 있었겠는가. 이에 국론이 들끓어 오스트리아인의 무도함을 부르짖으니, 왕이 어쩔 수 없이 1825년에 국회를 다시 설치하게 되었다. 이때 상원의회에 한 호걸이 나타났으니, 그가 바로 세체니였다.

국회의 옛 법식에는 오직 라틴어[7]만을 사용하여 연설하게 하였으니, 이는 곧 오스트리아 왕이 헝가리인을 억제하려 한 하나의 수단이었다. 이에 백작 세체니는 만곡(萬斛)의 애국혈성을 바쳐 의연히 이 압제의 굴레를 벗고, 국회 개회일을 맞아 즉시 헝가리어[8]로 큰 소리로 외쳐 헝가리인의 고유한 권리를 주장했고, 프란츠 1세의 실정을 조목조목 열거하니, 바닷물이 한 번 들이치는데 소리가 천지를 가득 채울 듯 터져 나왔다. 이로부터 이후 15년 동안(1825년부터 1840년까지), 세체니는 실로 헝가리 전국의 대표자가 되었다. 백작은 한 편의 글을 지어 국민을 격려하여 말하였다.

"아, 우리 동포들이여! 예전에 그렇게도 영광스럽고 찬란하던 헝가리가 지금 이 지경에 빠지게 되었으니, 우리가 슬퍼하지 않을

---

6) 입헌군주국은 …… 관장하였다.: 량치차오에 의해 첨가된 주석이다.
7) 라틴어(拉丁語, Latin language)
8) 헝가리어: 「루이 코슈트」에는 "마자르어"(803쪽)라고 되어 있는 것을 량치차오가 수정하였다. 마자르어(Magyar)와 헝가리어(Hungarian)는 동의어이지만 전자가 민족적 정체성을 보다 직접적으로 내포한다.

수 있겠는가? 그러나 여러분은 슬퍼하지 말라. 그 애국심을 일으켜 훗날 영광스럽고 찬란한 새로운 헝가리를 이루는 것이 또 어찌 어려우리오!"

이 몇 마디 말을 읽어보면 가히 세체니의 사람됨을 상상할 수 있을 것이다. 그는 빈말만 한 것이 아니라 실제로 행동하여, 모든 민중의 지혜를 일깨우고 공익을 증진하는 일에 힘을 다하였다. 민회(民會)를 설치하여 이로써 민의가 통하게 하고, 고등학교를 세워 이로써 인재를 길렀으며, 신식 극장을 열어 이로써 민기를 북돋고, 우선(郵船)과 철도를 널리 설치하여 이로써 교통을 편리하게 하였고, 수리(水利)가 흥하게 하였고, 해안 [방파제를] 쌓아 이로써 백성의 재산을 풍요롭게 하였다.[9] 무릇 이 문명의 사업을 일일이 다 열거할 겨를이 없을 정도니, 세체니 백작은 귀족이면서도 실제로 행하는 경세가(經世家)였다.[10] 그가 힘쓴 바는 온화한 수단으로써 풍속을 바꾸고, 실력을 양성하는 것이었으니, 이른바 "노련함으로써 나라를 도모한다"는 것이 실로 마땅히 이와 같았다.

---

9) 민회(民會)를 …… 하였다.: 「루이 코슈트」에는 세체니의 10가지 업적이 순번과 함께 제시되어 있다. 량치차오는 이 중 6개를 선별하여 옮겼고, 이것이 이보상의 판본으로 이어졌다. 참고로 량치차오가 생략한 4가지 사업은 순서대로 (1)경마사업을 번성시킨 일, (2)국민 산마(産馬)회사를 설립하여 마필(馬匹)의 개량을 장려한 일, (3)부다페스트에 골프클럽을 설립하여 사교의 중심으로 만든 일, (9)늪지를 메워 150만 마일의 기름진 밭으로 만든 일 등이다.(이시카와, 803~804쪽)
10) 세체니 백작은 …… 온화한 것이었다.: 「루이 코슈트」의 해당 부분은 "세체니 백작은 개혁가로서는 지나치게 현실가였다. 그는 귀족으로서 경세의 방법을 알았지만 그 사업은 매우 물질적인 것이었으며 그 방침은 대단히 온화한 것이었다."(805쪽)로, 결과적으로 량치차오는 온건 개혁파 세체니의 업적에 더 큰 의미를 부여하는 방식으로 개입하였다.

코슈트는 번개 같은 눈빛을 갖추고, 타오르는 듯한 열정을 품었으며, 깊이 민족주의에 입신함이 건국의 근본을 삼아 오랫동안 헝가리가 독립할 큰 이상을 가슴속에 품고 있었다.[11] 그가 세체니 백작의 [제도적] 시설에 주저하며 마음에 차지 않은 것 또한 형세상 당연한 일이었다.

얼마 지나지 않아 프랑스에서 두 번째 혁명이 일어났는데(1830년 7월) 눈 깜짝할 사이에 전류처럼 유럽 전역에 두루 퍼지니, 헝가리도 또한 그 영향력을 받았다.[12] 급진파가 일어났으며, 지사들이 나라 안에서 분주히 달리며 외쳤다.

"독립! 독립! 독립!"

가는 곳마다 이렇게 [외치는 자들이] 있었다.[13] 이에 1832년에 국회가 또 열리지 않을 수 없게 되었다. 온화파 수령 세체니 백작이 급진파 수령 남작 베셀레니와 함께 회의한 지 여러 차례가 되었고, 이에 안건을 국회에 제출하니 대략 다음과 같았다.

헌법이란 헝가리 각종 법률의 원천이다. 의원(議院)의 승인을

---

11) 코슈트가 번개 …… 품고 있었다.: 량치차오가 독자적으로 첨가한 것을 이보상이 번역한 대목이다.
12) 얼마 지나지 …… 영향력을 받았다.: 「루이 코슈트」의 해당 부분과 비교해 보면, 량치차오의 첨삭 양상을 확인할 수 있다. "프랑스의 제2혁명은 유럽을 뒤흔들었다. 급진적인 혁명당이 프랑스왕 샤를 10세를 추방하고 단호히 왕정을 전복한 일로, 자유·독립·평등·주권재민의 사상은 흡사 전기와 같이 유럽을 뒤흔들었다."(808쪽)
13) "독립! …… 있었다.: 「루이 코슈트」에는 "헝가리는 독립하지 않으면 안 되며, 말하길 오스트리아 황제 프란츠 1세하의 헝가리의 주권을 이제 우리 헝가리에 부여하지 않으면 안 된다고 말했다."(808쪽)라고 되어 있다.

거치지 않고 멋대로 법률을 반포하는 것은 정부에 전횡인 점이 첫 번째요, 1825년 이래로 7년 동안 국회를 열지 않았으니 이는 정부의 태만한 죄라는 점이 두 번째요, 농업과 공업의 노동자는 국민 중에서도 신성한 존재이다. 지금 자못 노예로 보고 조금도 보호하지 않으니 이는 백성을 괴롭히는 것이라 함이 세 번째요, 선거권이란 하늘이 부여한 권리라 성년된 국민이라면 이 권리를 마땅히 가져야 하거늘, 멋대로 제한하고 자유를 침해하는 것이 네 번째요, 국회에서 헝가리어의 사용을 허용하지 않고, 오직 라틴어와 게르만어만을 장려하는 것은 헝가리의 국권을 훼손한다는 것이 다섯째요,[14] 국립대학을 부흥시키지 않아(말하건대 애국자는 자국의 문학을 가장 중요하게 삼으나 지금 서양인을 숭배하는 자의 부류가 영어를 학교에서 가장 중요한 교과로 만들고자 하는데 그 기본을 알지 못하는 것이다), 학교가 흥기하지 못해 민중의 지혜를 막히게 하는 것은 여섯째요,[15] 국내 공업이 가혹한 정치에 곤궁함을 받아 날로 쇠퇴하여 백성이 사지에 빠지게 하는 것이 일곱

---

[14] 국회에서 …… 다섯 째요.: 「루이 코슈트」와 비교해볼 때 큰 축약이 이루어졌다. 「루이 코슈트」의 해당 대목은 다음과 같다. "법률을 새로 제정하여 헝가리의 국어인 마자르어를 다시 사용할 수 있도록 하여야 한다. 라틴어는 오랫동안 마자르어와 경쟁했고, 독일어는 요제프 2세가 이를 장려한 이래 역대 국왕이 장려해왔다. 우리는 헝가리인으로서 마자르어를 사용할 권리가 있다. 오스트리아 정부가 외람되게도 이의 통용을 제한하며 라틴어와 독일어를 장려하는 거동은 단연코 용서할 수 없다."(809쪽)

[15] 국립 대학을 …… 것은 여섯째요.: 량치차오에 의해 적극적인 다시쓰기가 이루어진 대목이다. 「루이 코슈트의 해당 대목은 다음과 같이 훨씬 간명했다. "국문학의 부흥을 위해 학교를 융성히 일으켜야 한다."(809쪽)

째이다.

국회가 열리고 나서 4년을 연이어 이러한 제안이 날마다 제의(提議)되었고 개혁을 크게 행하여 민중의 고통을 구제하였는데, 오스트리아 황제는 여전히 전제 정치의 꿈에서 취해 있었고, 새로운 정치 보기를 뱀이나 전갈같이 하였다. 또한 제안들이 이미 확정되면 다시는 제어하지 못할까 두려워하여, 이에 모두 논박하고 엎드려 따르는 일은 전혀 없었으니(입헌군주국에서는 의원에서 결정한 안건이 반드시 군주의 비준을 거친 뒤에야 시행되었다)[16] 국회는 실망한 나머지 분노가 더욱 깊어졌다. 베셀레니 남작은 분개하며 말하였다.

"아, 우리 동포들이여, 생각해보라. 우리가 제안한 각 안건은 진실로 헝가리 백성에게 이롭고, 또한 오스트리아 왕에게 해가 되는 것도 아닌데, 돌이켜보건대 오스트리아 왕은 이에 반대한다. 그 뜻을 미루어볼 때 우리가 사랑하는 헝가리를 영원히 노예 국가로 만들지 않고는 그치지 않을 것이니, 실로 헝가리의 공적(公敵)이라 할 것이다."

이 한마디 말이 수만 명의 의협심 강한 헝가리 국민의 고막을 울려, 슬프고도 아프며, 분하고도 원통하여, 한 사람이 외치면 백

---

16) (입헌군주국에서는 …… 시행되었다): 량치차오가 독자적으로 첨가한 것을 이보상이 번역한 부분이다. 괄호로 처리한 나머지 주석 역시 대부분 모두 「루이 코슈트」에는 없는 것이다. 이하 주석에 대한 언급은 생략한다.

명이 따라 울부짖고, 한 사람이 탄식하면 백 명이 묻는 가운데, 사람들의 마음속과 눈속과 입속에서 금우헌장에서 말한 방패와 창을 들고 포악한 정치에 맞서 싸우라는 그 대의를 굳게 새기게 되었다. 대개 이것 말고는 다른 희망이 없었기 때문이다. 오스트리아 정부는 베셀레니 남작을 이미 원수처럼 여겨 체포하여 감옥에 가둠으로써 나머지를 경계시키려 하였다. 그러나 자못 누르는 힘이 더욱 심해질수록 그 뛰어오르는 힘은 더욱 치솟는다는 것을 알지 못하여 백 개의 신당(新黨)이 강단에서 연설하는 것이, 하나의 신당이 감옥에서 신음함만 같지 못하였다. 이에 온 나라에서 '혁명, 혁명, 혁명'이라는 소리가 산을 울리고 물을 삼키는데, 그 목소리 가운데 가장 크고 멀리 퍼진 자가 누구인가? 바로 코슈트가 그 사람이었다.

제4절

의원(議員) 코슈트, 신문을 손수 필사하다[1]

　　코슈트가 고향에 머무를 때, 그의 명망은 날로 높아져 강자를 억제하고 약자를 도우며 병든 자를 동정하고 가난한 자를 가엾게 여겼기에, 온 지방의 사람들이 모두 그의 덕에 감동하여 목숨 바치기를 원하는 자가 대략 수천 명이었다.[2] 1832년 국회에서 선거를 통해 당선되어 당시 국회는 급격한 조류를 타게 되었다. 정부의 압제와 학정은 이미 나는 듯 세차게 쏟아지는 폭포처럼 천 장(丈)의 형세를 이루었으나 오히려 오스트리아 정부는 완강하게 돌아보지 않고 자신의 위엄과 권력을 내세워 각 신문사가 의회 내부의 모든 정황을 게재하는 것을 금지하였다. 코슈트는 직접 의원 안에 있으면서 여러 상황을 목도하고, 국민이 제대로 알지 못하는 것을 유감이라 여겨 이에 법률을 능란히 다루던 솜씨로 정부의 고시문(告示文)를 해석하여 다음과 같이 말하였다.

---

[1] 제4절 의원(議員) 코슈트, 신문을 손수 필사하다:「루이 코슈트」의 챕터명은 '제7 필사한 신문'이다.
[2] 코슈트가 고향에 …… 명이었다.: 량치차오가 독자적으로 첨가한 것을 이보상이 번역한 대목이다.

"정부에서 금지한 것은 인쇄판이지 점석(點石)[3]한 것은 일찍이 금지하지 않았다."

이리하여 의회에서의 상황을 가지고 매일 점석 한 장을 써서 백성에게 나눠주었다. 이는 가뭄에 무지개를 바람과 같고, 갈증에 마실 것을 얻음과 같아 방방곡곡 소문이 전국에 두루 퍼졌다.[4] 오스트리아 정부는 이 상황을 목도하고 또 급히 명령을 내려 다음과 같이 밝혔다.

"점석도 인쇄물의 하나이므로 마땅히 함께 금지한다."

코슈트의 열심에 억압이 더욱 커지니 국민은 코슈트에게 보고를 바라는 마음이 억제될수록 더욱 불타올랐다. 국민이 그에게 보고받고자 하는 바람은 또 고난을 받을수록 더욱 간절해지므로 이에 필사원을 널리 고용하여 자신이 초안한 의회 일지를 가지고 논평을 가하여 손수 써서 요청하는 자들에게 나누어주었다. 또 정부에 돌아가 이렇게 말하였다.

"이것은 편지이지 신문이 아니다. 정부가 어떠한 횡포를 부

---

[3] 점석(點石): 석판에 글자를 새기는 것을 의미한다.
[4] 이는 가뭄에 …… 두루 퍼졌다.: 「루이 코슈트」의 경우 다음과 같이 더욱 감정적으로 서술되었다. "의회의 정세를 모르고 이를 구할 수 없어 어쩔 줄 몰라하던 국민들은 목마른 때에 물을 얻은 것처럼 이 석판첩을 환영했고, 사람에서 사람으로, 집에서 집으로, 한 군(郡)에서 다른 군으로, 한 주에서 다른 주로 전해져 결국 온나라의 대호평을 받았다. 한 자루의 붓을 통해 퍼져나간 혁명의 불길은 바야흐로 나라 전체를 덮어 타오르려 하고 있었다."(812쪽)

리든 간에 어찌 내가 편지 하나도 보낼 권리가 없단 말인가?"

정부도 또한 어떻게 할 수 없어 이에 코슈트가 작성한 필사 신문이 유럽 전체를 풍미하여 매회 발행이 1만 부 이상에 이르렀다. 아득히 먼 궁벽한 시골의 일개 서생이 한 번 도약하여 결국 온 유럽의 간웅(奸雄) 메테르니히의 큰 적수가 되었던 것이다.

당시 코슈트의 강인함과 고된 인내는 사람들을 놀라게 하였으니 나폴레옹이 하루에 4시간만 잠을 잔다는 이야기는 세상에 전해져 미담이 되었지만, 이때 코슈트는 하루에 겨우 3시간만 잤으니 아, 위인이여, 위인이여, 어찌 한갓 마음과 의지만이 강했으랴. 그 체력이 또한 평범한 사람보다 뛰어났으니 천하의 일에 큰 뜻을 둔 자는 가히 이로써 그가 수양한 바를 알 수 있으리라.

오스트리아 정부가 보기에 코슈트는 눈에 든 못과 같고 목에 박힌 가시 같았다. 다만 분노한 민심을 거스르기 어려워 감히 멀리서 원수로 삼지도 못하였다.[5] 의원 회기가 끝나 폐회한 뒤에는 그의 필사 신문도 중단한다고 하였는데[6], 잠시 시간이 지나 폐회하자 코슈트가 다시 그 신문사를 페스트성[7]으로 옮겨 성(省)의회와 부

---

[5] 오스트리아 정부가 …… 삼지도 못하였다.: 량치차오가 독자적으로 첨가한 것을 이보상이 번역한 부분이다.
[6] 의원 회기가 …… 하였는데:「루이 코슈트」에는 "그리하여 코슈트가 만약 이를 폐간한다면 정부도 그 죄를 추궁하지 않기로 결정했다."(814쪽)라는 대목이 이어지지만 량치차오가 생략하였다.
[7] 페스트성(彼斯得省, Pest): 이보상·량치차오 판본에는 페스트에 '성(省)' 단위를, 이시카와 판본에는 '부(府)' 단위를 주로 붙이고 있다. 다만 19세기 중반의 페스트는

(府)의회의 일을 널리 기록하였다. 마치 온서(溫犀)를 불태우고[8] 우정(禹鼎)을 주조하는[9] 그의 글솜씨는 계속해서 마음을 흔들어 멈추지 않았으며, 비바람을 부르고 귀신을 울릴 만한 문장이 또 빛을 발하여 점점 더 드높아졌다.[10]

정부는 이미 호랑이를 탄 것과 같아 내릴 수 없는 형세에 처하였고, 코슈트 또한 기이한 화가 머지않아 닥칠 것을 알고 있었다. 하루는 한 친구를 데리고 부다성(城)[11] 밖 들판을 산책하다가 감옥의 돌담을 가리키며 말하였다.

"나는 머지않아 저곳의 사람이 될 것이다. 그러나 우리 동포가 만약 나를 통해 자유를 얻는다면, 내가 설령 저 안에서 귀신이 된다 하더라도 마다하지 않겠다."[12]

도시에 가까운 지역이었다고 전해진다.
[8] 온서(溫犀)를 불태우고: 감춰진 사정을 꿰뚫어보는 통찰력을 말한다. 『진서·온교전』에 따르면 온교(溫嶠)가 소문 속 괴물을 밝히기 위해 희뿔(犀角)을 불태워 물속을 비추었는데, 이때 그 불빛이 기이한 물속 생물을 드러냈다고 한다.
[9] 우정(禹鼎)을 주조하는: 새로운 질서, 정치적 이상을 실현한다는 뜻이다. '우정'은 서주 말기에 하우(禹)를 위해 만든 것으로 전해지는 대형 청동기 정(鼎)으로, 강력한 통치력과 국가 질서의 기반을 다진다는 의미를 지닌다.
[10] 그의 글은 …… 드높아졌다.: 「루이 코슈트」에도 코슈트의 글솜씨를 상찬하는 내용이 있지만, 상기 '온서'나 '우정' 등을 활용한 서술은 량치차오 특유의 것이다.
[11] 부다성(布打城, Buda Castle)
[12] "이것은 …… 않겠다.": 「루이 코슈트」에는 "나는 머지않아 저 석벽 안에 갇힌 자가 될 것이 두렵다."(815쪽)라는 전혀 다른 맥락의 독백이 있었다. 량치차오는 이를 전형적인 영웅호걸의 대사로 대체하였다.

이때 급진당은 이미 베셀레니 남작을 잃었고, 코슈트는 마침내 전 당의 수령이 될 형국이 되어 기꺼이 한 몸 희생하여 국가에 이바지하였다. 10여 년 동안 품어온 뜻을 스스로 가다듬는 것이 익숙하여, 사형을[13] 떡 먹듯 달게 여겨 구하여도 가히 얻지 못할 것이니 사내가, 사내가 마땅히 이와 같아야 하지 않겠는가.[14]

과연 그가 예상한 바와 같이 기이한 화가 닥쳐왔다. 결국 오스트리아 정부는 1837년 5월 4일, 그를 '대역무도한 자'라고 하여 부다성의 감옥에 가두었다. 그 후부터 용처럼 솟구치고 호랑이처럼 맞붙어 싸우던 코슈트가 자유를 잃고 갇힌 지 대략 3년이 지났다. (수감 당시 그의 나이는 37살이었다)

---

[13] 사형을: 원문은 "정확(鼎鑊)"(15쪽)으로 죄인을 삶아 죽이던 큰 솥을 이용한 사형을 뜻한다.

[14] 10여 년 …… 않겠는가.: 량치차오가 독자적으로 첨가한 것을 이보상이 번역한 부분이다.

제5절

옥중의 코슈트[1]

'새옹(塞翁)이 말을 잃은 것이 도리어 복이 될 수도 있다는 걸 어찌 알겠는가'라고 하니, 이는 중국에서 늘 하는 말[2]이다.[3] 코슈트가 감옥에 갇히고 뜻한 바가 한번 좌절되었더라도 이 3년 동안 내적으로는 그 정신을 수양하고 덕을 증진하여 용맹을 더하였으며, 외적으로는 명성을 쌓아 국민의 은혜 어린 마음을 더욱 모으게 되었으니, 장차 큰 도약을 위한 밑거름이 된 바가 적지 않았다. 그가 옥중에 있을 때 쓴 글 가운데 한 구절을 보면 다음과 같다.

옥중의 첫해에는 책 한 권도 읽는 것을 허락하지 않았고, 글자 하나도 쓰는 것을 허락하지 않아 무료함이 극에 달하였다. 둘째 해에는 비로소 독서를 허락받았으나, 정치 시사에 관한 책

---

[1] 제5절 옥중의 코슈트: 「루이 코슈트」의 챕터명은 '제8 3년간의 옥중생활'이다.
[2] 중국에서 늘 하는 말: 새옹지마(塞翁之馬)의 고사를 뜻한다.
[3] 말이다.: 「루이 코슈트」의 본 챕터 첫 문장은 "코슈트는 1837년 5월 4일에 구인(拘引)되어 심문을 받은 후 4년간의 투옥을 선고받았고, 1840년 5월 16일 형기가 만료 전임에도 불구하고 돌연 사면을 명받았다."(816쪽)이다. 량치차오는 이 대목을 번역하지 않았다.

은 여전히 일체 금지되었다. 나는 진실로 정치 시사 관련 서적을 즐겨 읽지만, 정치 시사 서적을 허락하지 않는다는 점 때문에 이 독서 허락이라는 권리를 헛되이 할 수는 없었다. 이에 다시 고심 끝에 '영문학'을 먼저 배우는 것이 낫겠다 싶었다. 옥리(獄吏)를 향하여 영문법 책과 영어-헝가리어 사전, 셰익스피어[4]의 시문집 각 한 부씩을 달라고 하여 읽었으니 교사는 없었고, 스스로의 깨달음에만 의존하였고 이에 문법서를 근거로 셰익스피어 시문집을[5] 읽었는데, 매 한 쪽을 다 읽고 나면 반드시 그 뜻을 완전히 파악하도록 하고 의문이 하나도 없게 된 다음에야 다음 장으로 넘어가곤 하였다. 대개 한 장을 읽는 데 2주 이상을 들이곤 했다.

이후 2년 동안은 전적으로 영문학에 매진하여 그 묘미를 모두 이해하게 되었고, 정신의 수양이 또한 컸다. 셰익스피어의 시문집은 영문학의 정수요, 영국인이 일컫기를 '통속의 성경'이라 한다. (그는 영국 제일의 시인이며, 영어를 조금 읽을 줄 아는 자라면 능히 그 정수를 깨달을 수 있다) 코슈트는 이미 영문을 터득하여 학식을 넓히고, 다시 인격을 길러 그 품성을 고귀하게 하였으니 옥리가 코슈트에게

---

[4] 셰익스피어(素士比亞, William Shakespeare, 1564~1616)
[5] 셰익스피어의 시문집을:「루이 코슈트」에서는 "셰익스피어의 처녀작인『템페스트』를"(817쪽)라고 되어 있다. 참고로『템페스트』(The Tempest)는 셰익스피어가 1610년에서 1611년에 집필하여, 그의 첫 작품이 아니라 마지막 작품으로 알려져 있다.

해준 것 또한 크지 않은가. 더하여 그가 체포되었을 때 그가 퍼뜨린 문명의 씨앗[6]이 이미 나라 안에 두루 퍼져 누구든지 듣는 자 중 진실로 팔을 감싸쥐고 눈물을 흘리지 않는 자가 없었다. 법정에서 대질할 때 그는 격앙되고 분개하여 무죄를 스스로 항변하여 정부의 부당함을 질책하니 그의 언론과 풍채가 오래도록 전국민의 마음속에 깊이 박혔다. 그렇기에 3년 동안 그 몸이 암흑 속에 갇혀 있었지만, 그 명성은 떠오르는 해처럼 하늘을 향해 치솟아 국민이 하루라도 그를 언급하지 않는 날이 없었으며, 수도에서 유세하던 사람으로부터 산골짜기에서 지팡이를 짚고 다니는 백성에 이르기까지, 문득 이마를 치고 팔을 걷으며 말하길, "코슈트를 구하자, 코슈트를 구하자" 하니, 곳곳마다 이와 같았다.

코슈트가 옥에 갇힌 이듬해에 오스트리아 정부는 튀르크와 이집트 사건[7]으로 인해 군비를 증강하지 않을 수 없었으므로[8], 병사 1만 8천 명을 헝가리에서 모집하고자 하여 국회를 다시 열자는 안건을 마련하여 헝가리 사람들에게 청하였다. 이에 헝가리 사람들

---

[6] 문명의 씨앗:「루이 코슈트」에는 "혁진주의(革進主義)의 씨앗"(818쪽)이라고 되어 있다.
[7] 튀르크와 이집트 사건: 제2차 튀르크-이집트 전쟁(1839년) 직전의 긴장 고조를 의미한다. 두 진영의 대립은 영국, 프랑스 등의 열강도 관련된 국제적 사건이었다.
[8] 코슈트가 옥에 …… 없었으므로:「루이 코슈트」의 설명에 비해 간소화되었다. 이시카와의 경우 "코슈트가 투옥된 다음 해에 오스트리아 정부는 다시 헝가리의 병력을 차출할 필요성이 절박해졌다. 이집트와 투르크의 관계는 날로 긴박해져 갔고 이집트가 독립하려 하는 형세는 영국과 러시아제국들과 더불어 오스트리아에도 영향을 미쳐, 오스트리아 정부는 새로이 군비를 확장할 필요가 생겼다."(819쪽)와 같이 모병의 배경을 보다 상세히 다루었다.

은 말하였다.

"왕이 평상시에는 무탈함을 싫어하여 아무 일이 없을 때는 우리의 권리를 짓밟아 우리 은인을 체포했다가, 하루아침에 일이 생기면 문득 우리 힘을 빌리려 하니 어찌 굽혀 따르겠는가?"

이에 [헝가리 사람들은] 국회가 열리기 전에 대회를 먼저 열고 국민의 뜻을 정한 후 위원을 뽑아 정부와 교섭하였다. 정부가 만일 학정을 그만두고 베셀레니와 코슈트를 석방하면 헝가리 국민은 비로소 정부의 명령을 따를 것이라고 하였다. 헝가리의 온화당은 따로 안건을 마련하여 정부에 충고하여 말하였다.

"헝가리의 정세는 위원이 진술한 바와 같으니, 정부가 양보하지 않으면 일은 이루어지기 어려우며, 다만 코슈트의 사면 한 가지만은 따를 수 없으니, 코슈트는 맹호라 하루 아침에 산에서 풀려나면 그 기세가 감당할 수 없게 될 것이다……"

이를 보면 코슈트의 사람됨과 가치가 어떠한지를 알 수 있을 것이다.[9] 오스트리아 정부는 이 두 안건을 접하고 방침을 주저하며 결정하지 못하다가, 국회의 개회 시기가 이미 이르러 토론이 여섯 달이나 이어졌지만 이견이 백출하여 정부가 바라던 목적은 끝내 이루지 못하게 되었다. 이에 재상 메테르니히가 애써 고민하며 "코슈트 등을 사면하지 않으면 뜻하던 일이 끝내 성취되지 못할 줄을 알고 이에 출옥의 명이 마침내 떨어졌다.

---

9) 이를 보면 …… 것이다.: 「루이 코슈트」와 비교할 때 문맥이 완전히 달라졌다. 이시카와는 이 대목을 "이로써 또한 보수당이 얼마나 코슈트를 두려워했는가를 알 수 있다."(820쪽)라고 서술하였다.

1840년 5월 16일은 헝가리 국민이 은인을 부다성에서 맞이한 위대한 기념일이다. 수많은 군중이 빽빽이 몰려 서 있는 가운데 감옥 문이 열리는 곳을 바라보니, 눈은 반짝이고 정신은 번뜩이는 코슈트가 오른손으로 백발의 장님을 부축하고 천천히 걸어나오니, 환호의 소리가 산악을 갑자기 뒤흔들었다. 아, 이 맹인은 누구인가? 곧 그 해에 국회에서 수염을 깎고 머리를 세우며, 소리와 눈물이 함께 흐르도록 오스트리아 왕 프란츠를 정면에서 꾸짖으며 헝가리의 공적이라 하였던 베셀레니 남작이었다. 코슈트를 따라 나선 이들 중 한 명은 미친 듯한 사내 하나였고, 죽음을 앞둔 뜻이 담긴 자 셋이 있었다. 모두 급진당 중에서도 쟁쟁한 자들이니, 일찍이 풍운을 호령하여 나라의 선구가 되었던 이들이었다. 정의와 의협의 헝가리 국민이 한 움큼의 눈물을 닦아내어 애국자를 만 번 죽을 뻔하다 한 번 살아내는 가운데 맞이하니 아아, 그 감개무량함이 무엇과 같겠는가.[10]

---

10) 정의와 의협의 …… 같겠는가.: 「루이 코슈트」에는 "국민들은 눈물로 이들 애국자를 맞이했다. 메테르니히는 저들을 석방함으로써 스스로 정부의 학정을 증명한 꼴이 되었으므로 도리어 한층 국민의 격앙을 초래했다."(822쪽)라고 되어 있다.

제6절

출옥 후 5년간[1]

 코슈트가 출옥하자마자 잠시 산이 맑고 물이 아름다운 곳[2]으로 물러나 피폐한 몸과 기운을 회복하였다. 그때 그의 안부를 물으며 더불어 혼인을 생각한 이들이 발길이 끊이지 않았고, 그 사이에 혹 온화당의 귀족이 혼사를 청하며 인사를 드린 자도 있었으나, 코슈트가 의연히 배척하며 말하였다.

 "그 여인은 비록 아름다우나 그 아비가 나를 포승줄로 묶어 오래도록 속박해왔던 까닭이다."

 마침내 [그는] 1841년 모(某) 동지(同志)의 여공자(女公子)와 결혼하였다.[3] 그 해에 다시 한 출판사[4]의 초빙을 받아 페스트성에서

---

[1] 제6절 출옥 후 5년간: 제6절은 량치차오가 「루이 코슈트」의 '제9 출옥 후의 5년간', '제10 대의원(代議員)에 당선되다'를 통합한 것이다.
[2] 아름다운 곳: 「루이 코슈트」에서는 "파라드(Parád)"(822쪽)라는 지명도 제시하고 있다.
[3] 마침내 …… 결혼하였다.: 량치차오는 「루이 코슈트」의 세부 정보를 생략하였다. 해당 대목은 다음과 같다. "이미 그는 한 가인(佳人)을 맞이했다. 이름을 테레사(Teresa)라고 하며 귀족 메셀레니(Meszleny) 공(公) 가문의 영양(令孃)으로 숙녀의 덕을 가진 사람이었다. 그는 1841년 그녀와 결혼식을 올렸다."(823쪽)
[4] 출판사: 원문에는 "서사(書肆)"(19쪽)라고 되어 있다.

한 신문을 발행하니, 곧 유명한 『페스트신문』[5]이 그것이다. 과거 코슈트의 필사 신문이 이미 전국을 진동케 했는데, 이제 이 신문이 코슈트의 이름을 주필로 정하니 수개월이 되지 않아 발행 부수가 만 부 이상에 달하여 그 세력이 불어나는 게 전보다 배나 더하였다.

1843년에 이르러 국회를 다시 열게 되자 코슈트는 드디어 페스트성 후보자로 출마하였다. 오스트리아 정부가 그의 입선을 싫어하여 온갖 방법으로 배척하더니 마침내 온화당 후보에게 패배하고 말았다. 1844년에 오스트리아 정부가 교체되고 자유당이 축출되니 제정당(帝政黨)이 대신 전제(專制)의 정치를 더욱 모질게 행하였다. 헝가리는 마치 노예가 된 것 같았다. 그 법률 중 가장 불합리한 조항은 다음과 같았다.

  하나. 지금 이후로 헝가리인은 오스트리아에서 제조된 물품 외에 타국의 물품 수입을 허하지 않는다.
  하나. 헝가리에서 제조된 물품은 단 하나라도 오스트리아로 수출을 허하지 않는다.

그들은 이 법률을 바탕으로 오스트리아의 상공업을 보호하고자 하였다. 그러나 이는 균형을 맞추는 일의 진리를 깨닫지 못한 것이

---

[5] 『페스트신문』: 이보상 판본에는 "彼斯得省의報"(19쪽)라 되어 있으나 량치차오 판본에는 "彼斯得報 Pesti Hirlap"(51쪽)와 같이 영문 표기가 함께 등장한다. 이 영문 표기는 「루이 코슈트」에도 등장하는데(823쪽), 「루이 코슈트」의 영문 표기는 이것이 유일하다.

다. 진실로 어리석고 그릇됨이 비웃음을 살만하고 인민의 권리를 돌아보지 않고 제멋대로 행한 것은 더욱 분통 터지는 일이었다.[6] 코슈트는 이에 『페스트신문』의 힘을 빌려 크게 외쳐 전국 국민과 상공인들을 불러일으켰다. 그들은 모두 응하여 일어나 큰 대회를 열어 이로써 정부에 항거하였으니 그 회의의 결의에서 말하였다.

"우리 헝가리 사람은 지금 이후로 오스트리아 정부가 이 법률을 개정하는 날이 오지 않으면 결코 오스트리아의 물품을 사들이지 않겠다."

이 결의가 실행되자 오스트리아 상공계는 도리어 헤아릴 수 없이 큰 손해를 입었다. 또한 제조공장을 스스로 오스트리아에서 헝가리 경내로 옮겨오는 일이 벌어졌다. 하지만 정부는 이를 금지하지 못하였다. 이 시기를 맞아 코슈트의 운동은 가장 치열하였고, 나라를 위하여 명예를 잃었던 베셀레니 남작 또한 그 반쯤은 망가진 몸을 바쳐 동서로 뛰며 정부의 죄상(罪狀)을 고하였다. 혁명의

---

[6] 그러나 이는 …… 일이었다.: 량치차오가 직접 집필한 대목이다. 원래 「루이 코슈트」의 이 대목에는 다음과 같이 일본의 현실 정치를 비판하는 내용이 있었다. "이는 실로 일본의 마에다 마사나(前田正名) 씨 무리의 공상과 닮은 우스꽝스런 법률로 우리는 그 난폭함에 어안이 벙벙해질 따름이지만, 본래 제정주의·보수주의·국가주의 등을 그리워하는 자는 일반적으로 곧잘 폭정을 실행하려 하는 법이다. 그러나 헝가리인은 결코 이 같은 폭정을 감수할 수 없었다."(825쪽) 참고로 마에다 마사나(1850~1921)는 프랑스에서 농업경제를 배우고 메이지 정부에서 식산흥업 정책의 입안과 실천에 중심적인 역할을 한 인물이다.

때가 활시위에 당겨진 화살과도 같았다.[7]

헝가리 상공(商工)대회가 이미 성립되자 오스트리아 정부는 이를 괴로워하여 1847년에 다시 헝가리 국회를 소집하였다. 페스트 성에서는 의원 두 명이 당선되었는데, 한 명은 당시 인망이 가장 높아 모든 당파가 함께 추앙하던 바티야니[8] 백작이었고, 다른 한 명은 당파 간 경쟁이 치열했던 후보까지 세 명이 있었으니 첫째는 발라,[9] 둘째는 샬라이,[10] 셋째는 바로 코슈트였다. 정부는 코슈트를 꺼리기를 사갈(蛇蝎)처럼 하여 다시 모든 힘을 다하여 막으려 했고, 정부에 동조하는 자들은 모두 샬라이의 뜻에 기울어 있었다. 이에 샬라이, 발라 두 사람[11]은 코슈트가 후보로 결정되려한다는 말을 듣고 서로 꾀하여 말하였다.

"우리가 의원이 되는 것은 국가의 앞날을 위한 것이나, 사냥하는 새 몇 백 마리가 한 마리의 물수리만 못하니, 코슈트가 만약 출마하면 우리는 후보직을 사퇴하지 않을 수 없도다."

이에 후보직을 모두 사임하였고, 코슈트가 다시 추천을 받아 의

---

[7] 혁명의 때가 활시위에 당겨진 화살과도 같았다.: 「루이 코슈트」에는 "국민들은 이제 혁명이 멈춰져선 안 된다고 생각하기에 이르렀다."(226쪽)라고 되어 있다.
[8] 바티야니(巴站, Batthyány Lajos, 1807~1849): 헝가리 최초의 입헌 내각 수상으로, 1848년 헝가리 혁명 당시 자유주의 개혁을 이끈 핵심 인물이다. 코슈트 등과 함께 독립적 헝가리 정부를 조직했으나 혁명 실패 후 체포되어 1849년 오스트리아에 의해 처형되었다.
[9] 발라(把拉, Balla Benedek, 생몰년 미상)
[10] 샬라이(星拉黎, Szalay László, 1813~1864)
[11] 샬라이, 발라 두 사람: 이보상 판본에는 "星拉二人"(21쪽)으로 잘못 표기되어 있다. 저본의 해당 대목은 "星拉黎乃把拉二人"(샬라이, 발라 두 사람)(52쪽)이다.

원이 되니, 국민의 환호성이 수도에 가득하였다. 오스트리아 정부가 이를 듣고 괴로워하길 마치 적국(敵國)이 새로이 세워진 듯하여 하루도 편히 지내지 못하였다.[12]

당시 헝가리 정치계는 세 당파로 나뉘어 있었다. 첫째는 온화당으로 세체니가 수장이었고, 둘째는 급진당으로 코슈트가 수장이었으며, 셋째는 사회당이었다. 온화당의 주의는 오스트리아 정부와 소통하기에 힘써 서서히 개량을 도모하는 것이었고, 사회당의 주의는 당시의 제도와 문물을 파괴하고 각각 새로운 이상을 실행하는 데 힘쓰는 것이었으되, 오직 코슈트 일파는 별도로 기축을 세워, 그 영향력이 미치는 데까지 각종 법안을 제출하고 정부를 압박하여 실행케 하였다. 만약 실행되지 않으면 이에 다시 다른 방도로 나아가니, 만부득이(萬不得已)한 상황이 아니라면 파괴적 수단을 쓰지 않았다. 이로 인해 이 당파는 언제나 온화당과 사회당의 가운데서 조화를 이루고 전국을 하나로 만드는 것은 모두 이 당으로 말미암았다.[13]

---

12) 오스트리아 …… 못하였다.:「루이 코슈트」에는 "정부는 그의 당선 소식을 듣고 새로운 적국(敵國) 하나가 생긴 듯한 기분이 들었다."(827쪽)라고 되어 있는 것을 량치차오가 훨씬 감정적으로 풀어냈다. 다만 량치차오는 이어지는 이시카와의 문장, "그가 경세의 수완을 발휘한 재미있는 광언(狂言)은 실로 이때 그 서막이 열리게 된다."(827쪽)는 생략하였다.
13) 전국을 …… 말미암았다.: 량치차오가 다시 쓴 대목이다.「루이 코슈트」에는 "그리하여 사회당의 많은 사람들이 코슈트의 휘하로 옮기게 되었다."(828쪽)라고 되어 있다.

제7절

프레스부르크의 국회[1]

1847년 11월 12일에 프레스부르크[2]에서 개회한 국회는 이듬해 4월 11일에 폐회하였다. 이 국회는 근세 헝가리 역사 가운데 가장 중요하며, 또한 코슈트 전기 가운데 가장 통쾌하고 격렬한 생애의 한 부분이었다.

오스트리아 왕 페르디난드 5세[3]가 의원에 친히 참석하여 개회 의식을 거행할 때, 헝가리인 민중의 분노에 감히 범접할 수 없음을 보고, 재상 메테르니히는 왕을 회유하는 수단으로 권하여 개회 칙어(勅語)에 겸손과 신중함을 더하도록 권하였다.[4] 그러나 열정과

---

1) 제7절 프레스부르크의 국회:「루이 코슈트」의 제11절과 동일한 제목이다.
2) 프레스부르크(菩黎士堡, Pressburg)
3) 페르디난드 5세(腓的能第五, Ferdinand V, 1793~1875): 1848년 혁명기에 오스트리아와 헝가리의 군주로 재위했으나, 정치적 역량 부족으로 퇴위하고 조카 프란츠 요제프 1세에게 황위를 넘겼다.
4) 재상 메테르니히는 …… 권하였다.:「루이 코슈트」의 해당 대목에는 더 구체적인 사정이 담겨 있었다. "재상 메테르니히는, 국왕에게 '종래의 태도를 일변(一變)하여 가장 온화한 어조로 가장 평정하게 의견을 개진하시고 특히 식사(式辭)에 라틴어를 사용하던 관례를 고쳐 마자르어를 사용하소서'라고 주의시켰다. 이 역시 왕이 얼마나 이 국회를 두려워했으며 얼마나 이 국회에 대한 농락의 술수를 부리고자 힘썼는지를

기지를 갖춘 헝가리 국민이 어찌 감언이설(甘言利說)과 추한 태도에 움직일 수 있었겠는가? 하원(下院)의 풍조는 마침내 코슈트의 지휘한 바 되어 일격에 천리를 꿰뚫는 기세가 있었다.

화약이 땅에 가득하되 도화선이 있어야 폭발하는 것과 같고, 큰 물결이 둑을 허무는 데 개미구멍 하나를 타고 천지를 울리는 것처럼, 하늘이 헝가리 민중의 무고함을 차마 어찌하지 못하시고, 또한 하늘이 유럽 전체 여러 민족의 무고함을 차마 어찌하지 못하신 것이다.

1848년 2월 28일, 천둥소리 같은 제2차 파리⁵⁾혁명이 일어났다. 3월 2일에는 프랑스가 그 국왕을 영국으로 추방하였다. 이 혁명군의 자세한 소식은 전해진 즉시 프레스부르크에 도달하였으니, 자유를 사랑하고 자유를 존중하는 헝가리의 의협심 있는 국민들이 그 영향을 받았다. 만 마리의 말이 부술 듯이 기세를 더한 듯한 만 장(丈)의 불꽃을 누가 능히 감당할 수 있겠는가?

3월 4일에 한 의원⁶⁾이 은행에서 신용을 잃은 지폐를 통용하지 못하는 문제를 정부에 질문하였다(무릇 국회에 정부대관이 참여하여 의원의 질문에 응하는 것이 원래 있었다). 정부가 마땅히 이를 답변하고자 할 때에, 코슈트가 문득 태연히 일어나 시냇물처럼 흘러가는 웅변을 펼쳤다. 그는 정부의 죄악을 통렬히 열거하며 "지폐가 헝가

볼 수 있다. 그러나 왕이 이때 처음으로 태도를 일변한 것은 이미 때늦은 것이었다."(829쪽)
5) 파리(巴里, Paris)
6) 한 의원: 「루이 코슈트」에 의하면 "라바(Rába) 주의 한 의원"(830쪽)이다.

리와 보헤미아[7)]에서 신용을 잃은 것은 실로 정부가 재산상의 능력이 없음을 증명한 것"이라고 하고 이에 더욱 단도직입적으로 외쳐 말하였다.

"우리 헝가리는 독립된 정부를 수립하고, 독립된 재정을 실행하는 것이 지금 당장의 급무이다. 헝가리란 것은 곧 헝가리인의 헝가리이며, 우리 동포는 스스로 자치의 책임이 있다. 이는 타인이 대신할 수 있는 바가 아니다."

이 도도(滔滔)하고 굉굉(轟轟)하며 열렬한 일단의 연설은 거대하게 활활 타오르는 불덩이를 국회라는 화약고에 던진 것과 같았다. 혁명의 새 기운이 마치 칼집에서 갓 나온 칼날 같았으며, 보수에 머물던 생각들을 아득한 구름 밖으로 던져 버렸다. 코슈트는 이 기회를 타서 전력을 다해 평생의 뜻하던 정치 개혁안을 구상하여 초안한 31개 조항을 제출하였다. 온화당이든 사회당이든 가리지 않고 극력 찬성하였으니 그 안건 가운데 중요한 것들은 다음과 같다.

제1. 헝가리의 자치를 확정하여, 헝가리 국회에 대해 하나의 책임 정부를 창립할 것.(책임 정부란 의회에 대해 책임을 지고, 곧 의회는 국민의 대표로서 정부의 공과를 심판하는 것

---

7) 보헤미아(波希米亞, Bohemia): 저본에는 영문 표기 "Bohemia"(53쪽)가 병기되어 있다. 「루이 코슈트」에는 영문 표기가 없다.

이다)

제2. 귀족의 특권을 일절 폐기할 것.

제3. 봉건 제도의 남은 구습을 철저히 제거하고, 토지를 공공 소유로 삼으며, 지주의 특권을 폐지하여 타인의 이익을 나눠가지는 것을 일삼지 못하게 하고, 국가가 경비를 따로 마련하여 지주에게 배상하고 농민에게 완전한 자유권을 보장할 것.(생각건대 이는 중국 고대의 균전제(均田制)와 유사하니 근세 사회주의 학자들이 그 법리를 논함이 아주 자세해 각국이 그 장점을 알면서도 실체가 너무 커 지금껏 실행한 적이 없었다)

제4. 신앙의 자유를 충분히 보장할 것.

제5. 헝가리는 국민군을 자치할 것.

제6. 언론 자유의 권리를 침해하지 못하도록 할 것.

제7. 트란실바니아[8] 지방을(생각건대 남아프리카에서 영국과 전쟁을 벌였던 국명과 같은 성(省) 이름이다)[9] 영국과 협의하여 헝가리 국토에 편입할 것.

제8. 조세를 너무 가볍거나 너무 무겁게 하지 말고, 고르게

---

[8] 트란실바니아(杜蘭斯哇, Transylvania): 트란실바니아는 17세기부터 헝가리 왕국에서 분리된 자치 공국이었고, 오스만 제국과 합스부르크 양측의 영향력을 받는 완충 지대였으나 민족적·역사적·법적 이유로 헝가리와의 일체성을 강조하며, 헝가리 의회에 귀속되기를 원했다.

[9] 생각건대 …… 이름이다.: 해당 지명은 트란스발(Transvaal)로서, 나중에 트란스발 공화국(Transvaal Republic)이 되었다. 여기서 말하는 전쟁은 곧 보어 전쟁(1차: 1880~1881, 2차: 1899~1902)이다.

나누어 국가 경비를 부담하도록 의무화할 것.

제9. 소득을 납세하는 자는(생각건대 소득을 납부하는 것은 곧 인민이 세입에서 소득한 이익의 일정한 비율을 정부에 납부하는 것이다) 선거의 권리를 모두 가질 것.

프랑스의 2월 혁명[10]은 특별히 헝가리에만 영향을 끼친 것이 아니라, 유럽 각국의 민정 기운이 실로 모두 이때 이르러 성숙한 것이다. 프레스부르크 국회가 결의한 날은 빈 시민이 들고 일어난 날이다.[11] 민적 메테르니히가 겨우 제 한 몸 도망쳤고 국왕의 낭패스러움이 가히 명성에 걸맞지 못하였다. 이때를 맞이하여 우리들이 공경하고 사랑하고 꿈꾸고 숭배하던 절세의 위인 코슈트는[12], 헝가리 국민의 총대표 자격으로 국회 결의안 31개 조를 가지고 오스트리아의 수도에 달려갔다. 3월 13일 코슈트가 빈에 도착하였는데, 이 날이 곧 메테르니히가 도망친 날과 같다. 오스트리아의 혁명당은 이미 내부의 갈등으로 어지러웠는데, 외부의 원조를 얻은 터라 손뼉을 치고 환호하였으니 그 기쁨을 알 수 있을 것이다.

15일에 코슈트가 오스트리아 궁중에서 [국왕을] 알현하였을 때, 수만 명의 백성들이 길을 따라 무리를 이루어 그의 손을 잡았다.

---

10) 프랑스의 2월 혁명: 「루이 코슈트」에는 "프랑스 혁명"(832쪽)이라고 되어 있다.
11) 빈 시민이 들고 일어난 날이다.: 「루이 코슈트」에서는 "오스트리아의 수도 빈부(府)에서는 시민폭동이 일어났다."(832쪽)라는 더 과격한 표현을 사용하였으나 량치차오에 의해 순화되었다.
12) 이때를 맞이하여 …… 코슈트는: 「루이 코슈트」에는 그저 "코슈트는 이때"(832~833쪽)라고 되어 있는 것을 량치차오가 다시 쓴 대목이다.

이마를 조아리는 이들이 길에 끊이지 않았고, "코슈트 만세!"의 소리가 하늘과 땅을 울리는 듯하였다. 오스트리아 황제는 두렵고 떨려 이 위인을 사면초가의 형국 속에서 접견하여, 더듬거리는 말로 그가 가져온 의안의 요지를 물었다. 코슈트가 도도한 웅변으로 비분강개하니, 황제는 화가 날지언정 감히 표현하지 못하고 분할지언정 거절하지는 못하여 이에 그 이튿날인 16일에 모두 '승인한다'고 알렸다. 또 코슈트를 추대하는 뜻을 따라 페스트성 대표인 바티야니 백작을 헝가리 수상으로 임명하여 정부를 조직하게 하니 바티야니가 곧바로 수락하였다. 새 정부의 각료들은 다음과 같이 임명되었다.

　　　　총리대신(總理大臣): 백작 리요시 바티야니
　　　　내무대신(內務大臣): 베르틸런 세메레[13]
　　　　호부대신(戶部大臣)[14]: 리요시 코슈트
　　　　사법대신(司法大臣): 프란시스 데아크
　　　　군무대신(軍務大臣): 장군 라자르 메사로시[15]
　　　　상무대신(商務大臣): 가보르 크라우잘[16]

---

13) 베르틸런 세메레(巴達郎士 梅利, Bertalan Szemere, 1812~1869): 헝가리 자유주의 정치인이자 문필가로, 1848년 혁명 정부에서 내무장관을 지냈으며, 1849년 코슈트의 사임 후 잠시 총리를 역임하였다.
14) 호부대신(戶部大臣): 국가에서 예산과 재정을 담당하는 자리로, 과거의 재무대신에 해당한다. 오늘날의 정무적 기능으로는 기획재정부 장관과 유사하다.
15) 라자르 메사로시(拉薩 美梭羅/美士梭羅, Lázár Mészáros, 1796~1858): 1848년 헝가리 혁명 당시 국방장관으로 임명되었다. 헝가리 독립군의 창설과 조직화에 핵심적 역할을 했다.
16) 가보르 크라우잘(瓦波 格樓沙, Gábor Klauzál, 1804~1866): 헝가리 혁명 당시

공부대신(工部大臣): 백작 스테판 세체니
　　문부대신(文部大臣): 남작 요제프 외뵈시[17]
　　외부대신(外部大臣): 공작 팔 에스테르하지[18](생각건대 헝가리
　　　　　　　　　　　가 이때 독립국이 되지 않았기에 이 외부대신
　　　　　　　　　　　은 오스트리아와 교섭함을 위한 것이다)

　이 인사에 온화당과 급진당의 명사들을 망라하여, 세체니, 코슈트, 데아크의 삼걸이 함께 손을 잡고 당에 어깨를 나란히 하니, 헝가리 역사상 유례없는 성대한 사업이었다. 아, 의지 있는 자가 일으키면 그 일이 마침내 이루어지는 것이니, 국민으로서 마땅히 이와 같이 하지 않겠는가? 대장부로서 마땅히 이와 같이 하지 않겠는가?
　그러나 이 정부는 헝가리의 자치 정신을 회복한 데 불과하고, 헝가리가 오스트리아 왕의 지휘 아래 놓여 있음은 여전히 과거와 같은 상태였다. 오스트리아 왕은 그의 왕족인 스테판[19] 백작(세체니와 같은 작위를 가진 동명의 인물이다)을 헝가리 총독으로 삼아 국왕의 권리와 의무를 대행하게 하였다. 4월 11일은 국회가 해산되는 날이

농업·산업·상업부 장관으로 재직하였다. 온건 자유주의를 지향한 개혁파 정치가이다.
17) 요제프 외뵈시(伊亞莎 亞多士, József Eötvös, 1813~1871): 헝가리 혁명 당시 교육·종교부 장관으로 활약했다. 신분제 폐지·교육 평등·유대인 해방 등 자유주의 개혁에 앞장선 사상가 겸 소설가이다.
18) 팔 에스테르하지(坡兒 埃士達哈志, Pál Esterházy, 1786~1866): 헝가리 혁명 당시 온건파 외교관으로 외무장관을 맡았다. 합스부르크와의 타협을 중시한 자유주의 귀족이다.
19) 스테판(士的英, Archduke Stephen, 1817~1867):

었다. 국왕이 다시 프레스부르크에 친히 임하여 마자르어[20](곧 헝가리 다수 민중이 사용하는 언어이다)로 된 폐회의 칙어를 새 정부 각료들이 참석한 자리에서 말하였다. 이는 국민이 오랜 세월 품어온 숙원이 실현된 순간이었으니 심란한 민심 또한 조금 안정되었다.[21]

---

[20] 마자르어(馬哥耶語, Magyar/Hungarian language):「루이 코슈트」의 경우, 앞에서도 '마자르어'를 언급한 부분들이 있었다. 이를 량치차오는 '헝가리어'로 번역해 오다가 이 지점에 이르러서야 '마자르어'를 제시하였다.

[21] 이는 국민이 …… 안정되었다.:「루이 코슈트」의 경우 더 적극적으로 국민의 기쁨을 표현했다. "국민들은 여러 해 동안의 숙원이었던 헝가리 자치의 실마리가 열린 것을 기뻐하며 무엇보다 새 내각의 축복을 기원하였다."(835쪽)

제8절

헝가리의 내란과 원인[1]

오스트리아 왕이 민족의 추세를 살피게 하고, 여론의 물결에 따라 이로부터 군왕과 국민이 한마음으로 국운의 진보를 도모했다면, 헝가리 국민에게 복이 될 뿐만 아니라, 또한 황실의 무궁한 행복이었을 것이다.[2] 그러나 왕이 헝가리 자치권을 허락한 것은 그 본심에서 나온 것이 아니었다. 빈 혁명당이 안팎으로 협공하는데 쫓겨 이 때문에 순식간에 일어난 화를 늦추고자 해서였는데 얼마 되지 않아 본국의 혁명당이 이미 진압당해 팔꿈치 아래에 독사가 생김에 마음속의 귀역(鬼蜮)이 곧 생기어[3] 드디어 그 기지를 다시 굴려 헝가리 신정부를 어떻게 하면 전복시킬까 생각하였다. 대개 헝가리의 가장 큰 결점은 허다한 이민족으로 인해 인민을 합쳐서 나라를 이루어 통일한 바가 없다는 것이었다.[4] 그 개요를 한번 거

---

1) 제8절 헝가리의 내란과 원인:「루이 코슈트」의 챕터명은 '제12 내란의 봉기'이다.
2) 오스트리아 왕 …… 것이다.:「루이 코슈트」에는 없는, 량치차오가 첨가한 부분이다.
3) 팔꿈치 …… 생기어:「루이 코슈트」에는 없는, 량치차오가 첨가한 부분이다.
4) 대개 헝가리의 …… 것이었다.:「루이 코슈트」에서는 단순히 "이 시기의 헝가리국

론하자면 다음과 같다.

> 헝가리 국민 총수 14,655,474명 내
> 마자르인 5,000,000명
> 루마니아[5]인 2,317,340명
> 작센인 1,422,168명
> 슬로바키아[6]인 2,220,000명
> 우크라이나[7]인 350,000명
> 불가리아[8]인 50,000명
> 크로아티아[9]인 1,352,966명
> 세르비아[10]인 943,000명
> 슬로베니아[11]인 1,000,000명

그런즉 헝가리 인구 1,465만 중에 마자르인이 비록 가장 많은 수를 차지하지만, 건장한 자는 3분의 1에 불과하고 그 밖의 3분의

은 여러 인종으로 나라가 구성되어 있었다."(837쪽)라고 서술한 부분을 량치차오가 다시 썼다.
5) 루마니아(華拉焦/和拉志亞, Romania)
6) 슬로바키아(士域羅, Slovakia)
7) 우크라이나(盧善, Ukraine)
8) 불가리아(活德, Bulgaria)
9) 크로아티아(格羅/格羅士亞, Croatia)
10) 세르비아(塞爾維亞, Serbia)
11) 슬로베니아(蘇格拉和尼亞, Slovenia)

2는 허약하여 여러 이민족으로 구성되어 있었다. 오스트리아 왕은 이 정부가 마자르인에 의해 세워졌다는 것을 이용해 여러 이민족들을 선동함으로써 내부에서 서로 죽이기를 꾀하였다. 변절자 중에 신문사 주필 아무개[12]가 있었는데, 크로아티아 사람으로 오스트리아 수도 빈에서 대대로 살았던 이었다. 그는 오스트리아 정부의 밀명을 받고 크로아티아로 몰래 가서 크로아티아인들을 설득해 헝가리 정부를 배반하게끔 하면서 말하였다.

"헝가리는 헝가리인의 헝가리이지 마자르인의 헝가리가 아니다. 지금 마자르 일족이 기염을 토해 그 국회에 있으나 여러분들이 사용할 라틴어를 폐기하고 마자르어로 대신 쓰게 하니, 그 행위들은 오직 마자르인의 이익만을 따지는 것이다. 저들이 강하게 되면 우리들은 약하게 되니[13], 그대들은 크로아티아의 건아들로서 마자르인의 신정부 아래에 굴복하기를 어찌 달게 수용하는가. 독립하고 오리라! 독립하고 오리라! 마자르인도 능히 헝가리 정부를 세우지 않았는가."[14]

아! 옳은 듯하지만 잘못된 말이 실로 크로아티아인의 귀를 어지럽게 하더니 과연 전역이 휩쓸리듯이 그 말에 감화되어 반란의 깃

---

12) 아무개: 「루이 코슈트」에서는 이름을 밝혀두었다. "러요시 게이(Louis Gay)"(837쪽)라는 인물이다.
13) 저들이 …… 되니: 원문에서는 "彼의强홈은吾儕의强홈이라"(30쪽)라고 되어 있다. 문맥을 고려하면 "吾儕强"은 "吾儕의弱"이 되어야 한다.
14) 마자르인도 능히 헝가리 정부를 세우지 않았는가.: 「루이 코슈트」의 표현은 다음과 같다. "마자르인이 오스트리아 정부로부터 독립할 수 있다면 여러분 크로아티아인들도 독립할 것이며 새 정부의 명을 받들 필요가 없다."(838쪽)

발을 홀연히 듣게 되었다. 때는 5월 중순으로 신정부가 수립된 지 두 달도 채 지나지 않았을 때였다.

6월 초순에 세르비아인이 다시 성회를 열고, 동족 94만 명을 규합하여 신정부에 항거하며 또 이제부터 마자르인을 보기를 공적으로 삼는다고 선언하였다. 이에 크로아티아와 세르비아 두 지역에 거주하던 마자르인이 이유 없이 습격을 당하였다. 가옥도 불태워지고 부녀자들도 겁탈당해 그 잔혹함이 거의 사람의 이치가 아니었다.[15] 신정부가 난리 소식을 듣고 군대를 세르비아에 먼저 보냈다. 이것이 아직 평정되지 않았는데 경보(警報)가 이어졌다. "바나트성(省)[16]도 반역하였다.", "트란실바니아도 반역하였다.", "슬로베니아인도 반역하였다.", "남방과 서방의 여러 주들도 모두 반역하였다."라고 하니, 신정부가 한편으론 군대를 사방에 파견해 진압하게 하고, 한편으론 이 실정을 오스트리아 정부에 통보하였다.

오스트리아 정부가 헝가리인이 계획대로 움직인 것에 기뻐하면서 아직 기회가 완전히 이뤄지지 않았다고 여겨 반란민들이 시기한다고 퍼트리고 헝가리 정부를 반드시 돕겠다고 알리며, 엘라치치[17] 남작을 특파해 군대를 이끌고 크로아티아를 향해 힘을 합하고 토벌을 도울 것처럼 하였다. 엘라치치라는 자는 크로아티아 출신으로

---

15) 가옥도 …… 아니었다.: 「루이 코슈트」에서는 "유아를 살해"(839쪽)한 항목도 나열되어 있었으나 량치차오에 의해 생략되었다.
16) 바나트성(庇納省, Banat)
17) 엘라치치(埃拉志, Josip Jelačić, 1801~1859): 1848년 오스트리아 황제가 임명한 크로아티아 측 군사·정치 지도자, 헝가리 민족주의에 반대하며 오스트리아 편에 서서 혁명군과 교전하였다.

이탈리아 전쟁에서 일찍이 크로아티아 병사를 이끌고 전공을 세운 자였다. 오스트리아 정부는 그를 보내서 반군을 진압한다는 명분을 삼았으나 실제로 그는 반군을 지원하는 한 수장이었다. 그러므로 그가 크로아티아에 이르자 크로아티아인들이 가슴 가득 친밀한 마음으로 기쁘게 맞이해 성회를 직접 열고서 크로아티아가 독립한다고 선언하고 엘라치치를 추대하여 총독[18]으로 삼았다. 엘라치치도 받아들이며 거리끼는 기색이 없었다.[19] 헝가리 정부가 이 첩보를 듣고서 크게 놀라 오스트리아 정부에 알리고 힐책하자 오스트리아 정부는 엘라치치는 변변찮은 사람이라며 빈말로 질책하고, "우리가 처벌할 것이다."라고 하니 허무맹랑한 말에 불과하였다.

헝가리인은 어리석지 않아서 오스트리아 정부의 이중적 태도를 불 보듯 뻔히 알아 그들이 반역 무리의 후원자임을 분명히 알았다. 비록 그렇지만 그가 드러내놓고 원수 짓을 하지 않아 진정 공식적으로는 적으로 삼지 못했다. 신정부는 이에 오스트리아 왕을 7월부로 페스트성의 헝가리 국회에 임하게 하여 신정부를 지원할 마음을 분명히 말하게 하며, 반역 무리를 진압해야 하는 이유를 설명하게 하였다. 이는 실로 국왕에 대한 실험적 요구였다. 과연 오스트리아 왕은 끝내 대답하지 않고 있다가 얼마 뒤 국회의 소집 시기가 다가

---

18) 총독: 이보상 판본에는 "統將"(31쪽)이라고 되어 있다.「루이 코슈트」의 "總督"(841쪽)을 참조하여 옮겼다.
19) 엘라치치도 받아들이며 어려운 기색이 없었다.: 량치차오는 번역 과정에서 「루이 코슈트」의 중요한 정보 하나를 누락하였다. "엘라치치 역시 이를 쾌히 승낙하고 나아가 반란군[叛兵]의 우두머리가 되었다."(841쪽)

오니, 7월 5일은 실로 오직 신정부[20] 치하의 국회가 제1차로 개회하는 때였다. 호부대신 코슈트가 군사 20만 명의 징집을 제의하니 예상 군비는 4천 2백만 플로린[21]이었다.

오스트리아 정부는 이 안건을 저지하고자 했다. 개회 날에 오스트리아 왕을 대신하여 스테판 총독이 축사를 연설하길, 애매모호한 말로 반역이 무리한 일이 아니었다는 것을 격언(激言)하고 신정부가 처리한 일이 잘못되었다고 비판하니, 그 말의 교묘함은 놀랄 만한 것이었다. 오스트리아 정부가 그동안 공을 들여서 헝가리 정부의 멸망을 재촉한 것이 오늘에 이른 것이다.

코슈트가 연단에 올라 선한 열정과 웅변으로 청중의 귀를 울리고 가슴을 감동시켜 이날 그 가슴 속에 가득 찬 애국의 혈기를 모두 쏟아냈다. 그는 헝가리의 현실과 반역 무리의 성질에 대해 그 원인과 결과를 상세히 설명하면서 감격에 젖어 소리를 내고 눈물을 함께 흘렸다. 그 대략은 다음과 같다.

"제군, 제군들이여! 저는 오늘 군대 20만 명과 군비를 여러분께 요청합니다. 여러분들께선 이 일을 가지고 정부의 사사로운 일이라 여기십니까? 이 안건이 가결되느냐 부결되느냐에 따

---

20) 오직 신정부: 원문은 "惟新斯政"(32쪽)이다. "斯政"은 "政府"의 오식이다. 량치차오 판본의 경우 "惟新政府"(56쪽)라고 되어 있다.
21) 플로린(佛郞, Florin): 피렌체에서 유래한 금화 명칭으로, 헝가리에서는 오스트리아-헝가리 시기에 사용된 화폐 단위 'Gulden'을 영어로 'Florin'이라 표현하기도 했다.

라 정부의 신임과 불신임이 증명됩니다.(살펴보건대 정부에서 제의한 안건을 의원에서 부결하는 것은 정부가 인민에게 신임 받지 못한다는 증거이니, 그렇다면 정부가 마땅히 사직해야 한다. 이는 입헌국의 통례이다)

    이는 큰 잘못이고 옳지 않으니, 오늘의 일은 실로 헝가리를 유지하는 둘도 없는 방법이고, 우리 국민의 죽느냐 사느냐 하는 문제입니다. 제군들은 자유를 사랑하십니까? 사랑하신다면 부디 인내하여 이 내란을 평정할 때까지 기다려 주십시오. 그리하면 우리와 우리 후손이 영원히 독립된 터전 위에서 살아갈 수 있을 것입니다. 그 성공 여부는 오늘에 달려 있고, 그 실패 여부도 오늘에 달려있으며, 사는 것도 여러분에게 달려있고, 죽는 것도 여러분에게 달려있습니다. 제가[22] 재주가 없으면서도 위탁받았기에 오늘 누누한 눈물을 닦고 적적한 피를 닦아 마음과 간담을 다해 급히 달려와 엎드려 이 안건을 우리 혈성이 있고, 영예가 있는 헝가리 국민 앞에 제출합니다. 제군들이여, 그 고상하고 순결한 애국심을 각기 내어 세계에 서면 제가 감히 단언하겠으니 비록 지옥에서 갠지스강[23]의 모래 알처럼 많은 마귀가 와서 공격한다 할지라도 헝가리를 어찌하지 못할 것입니다."[24]

---

22) 제가: 본문에서는 "其也"(33쪽)라고 되어 있다. 문맥에 근거할 때 "某也"가 되어야 한다.
23) 갠지스강(恒河江, Ganges)
24) 제군들이여, …… 것입니다.: 「루이 코슈트」의 경우, 비유의 성격이 달랐다. "만약 여러분 모두가 빠짐없이 애국심을 갖고 계시다면 여러분의 힘 덕택으로, 만약 지옥의 귀신이 와서 공격한다 하여도 헝가리를 정복할 수 없을 것이라고 감히 말합니

코슈트가 이 연설을 하자 4백 명의 의원이 움직임을 멈추고 소리를 죽인 채 귀를 기울이고 두려운 숨소리로 경청하지 않는 이가 없었다.[25] 연설이 막 끝나자 찬성의 소리가 사방에서 터져 나와, "자유가 아니라면 차라리 죽을 것이다."라고 빠르게 외치는 자도 있었고, "나라가 망할지언정 수모를 당하진 않을 것이다."라고 말하는 자도 있었다. 그리하여 이와 같은 중대한 안건이 결국 만장일치가 되어 헝가리 만세, 헝가리 만세 소리가 천지를 진동하니 오스트리아 총독의 음흉하던 축사가 조금의 효과도 없게 되어 민적 스테판은 눈을 깔고 입도 뻥긋 못한 채 물러났다.

비록 안건이 가결되긴 하였으나 [이것은] 국왕의 재가를 반드시 받아야 비로소 시행할 수 있었다. 이에 수상 바티야니와 법상 데아크가 이 의안을 가지고[26] 빈에 이르렀다. 오스트리아 왕은 처음에는 국회가 이 안건을 찬성하리라 생각지 못하였는데 지금은 온갖 방법으로 핑계를 대며 허락하지 않고 바티야니에게 명해서 엘라치치와 협의하라고 하였다. 바티야니가 왕명으로 엘라치치를 찾아간 것이 서너 차례였는데 엘라치치는 헝가리 신정부를 해산하고 이어 오스트리아 정부에 속해야 한다는 의론을 쫓으라는 입장만 견지하였다. 협상이 결국 결렬되자 엘라치치는 군사와 장비를 대대적으

다."(844쪽)

25) 없었다.: 여기서 이어지는 「루이 코슈트」의 다음 내용이 생략되었다. "그의 연설이 끝나고 아직 연단을 채 내려오기도 전에, 보로 네예들리(Boro Nejedly)라는 이름의 의원은 기립하여 나는 이 요구에 찬성한다고 말했다."(844쪽)

26) 가지고: 원문에서는 "齋"로 되어 있다. 문맥에 근거할 때 "齎"가 되어야 한다.

로 갖추어 바야흐로 크게 거병해 페스트성을 습격하고자 하였다.[27] 바티야니는 부득이하게 국왕을 알현하고 칙서로 재가를 내려주기를 청하였다. 이때 오스트리아는 오스트리아에 속한 이탈리아 민당(民黨)을 막 진압한 상태였다.

오스트리아 왕이 첩보를 듣고 득의양양하여, "헝가리인들은 두려워할 것이 없다."라고 하고, 이에 수개월 동안 썼던 가면을 벗어던지고 단호하게 선언하기를, "국회에서 결의한 군안(軍案)을 증대하는 것은 재가하지 못한다."라고 하였다. 바티야니와 데아크가 분개한 채 돌아왔다. 9월 2일에 엘라치치의 군대가 드라바강[28]을 건너 페스트를 습격한다는 첩보를 다시 듣고 매우 험하고 어려운 상황이 수없이 몰려들었지만 위급한 상황일수록 기세가 더욱 성대해지는 것은 헝가리의 특성이었다. 세차게 천여 년 동안 독립한 국민이 어찌 적이 기쁜지 노하는지에 따라 용기를 내거나 겁낼 자가 있겠는가. 온 천하의 피 끓는 남아들은 바라건대 눈을 닦고 코슈트와 국민들이 이 큰 어려움을 당하게 된 것에 대해 어떠했는지를 보아야 할 것이다.[29]

---

27) 하였다.:「루이 코슈트」의 경우, "바티야니 백작은 이제는 주저할 수 없었다."(845쪽)라는 대목이 이어지지만 생략되었다. 다음 문장의 시기가 "9월 9일"(845쪽)이라는 점도 이시카와의 판본에만 있다.
28) 드라바강(Dráva River, 積黎夫河)
29) 세차게 …… 것이다.:「루이 코슈트」에는 "코슈트 등은 거듭 의회를 고무하여 내외의 적에 맞설 것을 결의했다."(846쪽)라고 되어 있으나, 량치차오가 감정적 수사를 가미하여 다시 썼다.

제9절

헝가리와 오스트리아의 개전과 헝가리의 독립[1]

헝가리의 문명을 선도한 세체니 백작은 취임하여 공부대신(工部大臣)이 된 지 얼마 되지 않아 여러 지방의 경보가 이어지자 신정부의 앞길이 날로 위급해져 애통한 마음이 극에 달해 발광하는 지경에 이르렀다.[2] 온화당은 이에 데아크를 추대하여 수장으로 삼았는데, 노쇠하고 병들고 약한 한 사람일 뿐이었다, 이에 이르러 헝가리의 운명은 코슈트의 어깨에 온전히 달려 있게 되었다.

오스트리아 왕이 파견한 스테판은 대중의 분노를 감당하기 어렵다는 것을 알고 큰 화가 자기의 몸에 미칠까 두려워하여 허둥지

---

[1] 제9절 헝가리와 오스트리아의 개전과 헝가리의 독립: 제9절은 량치차오가 「루이 코슈트」의 '제13 오스트리아-헝가리 전쟁의 개전', '제14 두 영웅의 충돌'을 통합한 것이다.
[2] 헝가리의 …… 이르렀다.: 「루이 코슈트」의 해당 부분은 "그의 방침은 보수와 점진(漸進)이지만 제반시설의 건설로 헝가리의 문명을 발전시킨 공부대신 세체니 백작은, 취임하자마자 광인이 되었다. 모든 곳으로부터의 경보는 신정부의 전도(前途)가 암흑과 같음을 보여주고 있어, 세심한 그는 상심한 나머지 발광하게 된 것이었다."(846쪽)이다. 량치차오가 이시카와의 판본을 다른 스타일로 옮기고 있다는 사실을 잘 보여주는 대목이다. 특히 "보수와 점진(漸進)이지만"이라는 세체니에 대한 수식을 생략한 것은 번역자의 적극적 개입에 해당한다. 이보상의 경우, 이렇게 변주된 량치차오의 텍스트를 대체로 고스란히 번역하였다.

둥 빈을 달아나 부끄럽고 분함을 이기지 못해 이에 독일로 다시 달아났다. 오스트리아 왕은 백작 람베르크[3]를 따로 보내 헝가리 군무총독으로 삼았다. 특히 병마만 맡을 뿐만이 아니라 또한 국왕의 대표가 되어 전제(專制)로써 전 헝가리의 정무를 그가 단속하게 하였다. [람베르크는] 9월 25일로 페스트에 취임하였다. 헝가리 국회가 이 소식을 듣고 그의 임명이 위법하다고 결의하여 [그를] 들이지 않고 사방에 격문을 보내 의용병을 모았다. 온 나라가 분개하여 눈을 부릅뜨고서 빈을 노려보지 않는 이가 없었다, 람베르크 백작은 28일에 수행원을 데리고 페스트 부근의 장교에 이르렀는데, 소민(小民)들이 격앙한 나머지 결국 수레를 둘러싸 때려죽이니 헝가리와 오스트리아가 찢어지게 된 실상이 다시 현저해졌다.

수상 바티야니는 근후한 군자(君子)였다. 오히려 조화의 뜻을 보이고자 표문을 올리고 잘못을 돌려 도독(都督)을 참혹하게 죽게 한 안건은 정부가 그 책임을 져야 한다고 하였다. 이에 총독을 사직하고 호국위원을 따로 설치하기를 청하여 코슈트가 위원장으로 선출되었다.[4] 코슈트의 책임은 더욱 중대해졌다. 크로아티아의 반란군

---

[3] 람베르크(廉伯, Karl Ludwig von Lamberg, 1773~1848): 오스트리아 황제가 1848년 헝가리 사태 중재를 위해 파견한 왕실 특사였으나, 부다페스트 도착 직후 민중의 분노를 사며 살해당해, 오스트리아-헝가리 관계가 급속히 악화되는 계기가 되었다.

[4] 선출되었다.: 「루이 코슈트」에는 다음과 같은 내용이 이어지지만 생략되었다. "백작이 이때 코슈트에 준 서면은 우국의 정이 지면에 배어나오는 것이었는데 '나는 어떠한 일이 있어도 나라의 평화를 유지하려 힘썼지만 이제는 어쩔 수 없는 상황에 빠지게 되었고, 오스트리아와 전쟁을 하는 것은 내 본의가 아니며 이런 상황에서는 마땅히 귀형(貴兄)의 고견을 청할 수밖에 없습니다. 그러나 나 역시 국가를 위해

장수 엘라치치는 바티야니 정부의 해산 소식을 듣고 기회를 노릴 수 있다고 여겼다. 이에 9월 20일에 크로아티아 병사 4만 명을 이끌고서 부다성으로 가 성 25마일 지점에 떨어져 주둔하였다. 코슈트는 헝가리 장군 모가[5)]를 명하여 군사 5천 명을 이끌고 막게 하니, 두 군대가 솔로크성(省)[6)]의 벨렌체[7)]에서 맞서 싸우게 되었다. 마자르인은 1로 10을 당하지 않음이 없었고, 5천 명의 분노한 군사는 4만 명의 크로아티아인을 패퇴시켰다. 엘라치치는 거의 사로잡힐 지경이 되자 달아나 거짓으로 화친을 청했다. [그는] 3일간 휴전하자 빌고, 이를 틈타 빈으로 달아났다.

오스트리아 왕은 첩보를 듣고 크게 진노하여 드디어 10월 4일에 명령을 내려 코슈트 등을 역도(逆徒)라고 지목하였다. 제1조에, "짐이 주권을 행하여 헝가리 국회를 해산할 것이니 현재 국회가 개회 중에 있긴 하지만 즉시 폐회하는 것이 마땅하다."라 하고, 제2조에, "법령은 짐의 재가를 거치지 않았으며, 국회의 결의를 비록 거쳤다 할지라도 일체 시행을 허락하지 않는다."라 하고, 제3조에, "지금 엘라치치를 명하여 헝가리의 도독원수로 삼으니 헝가리의 일체 상비군과 의용군은 통제에 따라 모두 돌아가라."라 하고, 제4조에 "헝

진력할 것을 마다할 자는 결코 아니며, 귀형이 만약 나를 필요로 할 일이 있다면 나는 어떠한 직무이든 종사하겠습니다'. 백작은 취임 이후의 상황에 관한 그의 심정을 상세히 필서한 뒤 위의 문장을 덧붙여 그에게 보낸 것이었다."(848쪽)
5) 모가(摩加, János Móga, 1784~1861): 헝가리 혁명 초기에 헝가리군 총사령관으로 임명되어 빈 근처까지 진군했으나, 1848년 말 전투에서 패배 후 사임하였다.
6) 솔로크성(設格省, Solok)
7) 벨렌체(威郎, Velence)

가리의 내란이 안정되기 이전은 군령으로써 그 나라를 통치하여 모두 엘라치치를 통해 편의대로 행사한다."라고 하였다.[8] 이 문서는 명목상 조칙이라 할지라도 실은 헝가리에 선전포고를 한 것이었다. 코슈트가 몸소 나라의 안위를 맡게 되자 내란이 평정되지 않았고 대적을 다시 만나니 위험하고도 두렵게 되었다. 호국위원장은 어떻게 대처해야 했을까.[9] 우뚝하게 솟은 굳센 풀이 어찌 빠른 바람을 겁내겠으며, 드넓은 하늘을 나는 신령한 매가 어찌 평범한 새에게 위엄을 잃겠는가. 바라건대 독자들은 발꿈치를 들고 눈을 닦아 애국 위인의 경략(經略)이 어떠한지를 보아야 할 것이다.[10]

코슈트는 오스트리아 정부가 선전포고한 것을 보고 조금도 동요치 않은 채, 적이 오기를 기다리는 것이 차라리 먼저 공격해 적을 제압하는 것만 못하다고 보고 결연히 빈으로 진격하고자 하였다. 사방에 격문을 전하고 의용군을 널리 모아 마음을 다해 훈련시키고 밤낮으로 열정을 쏟았으며, 그 웅변으로 고무시켜 사기를 진작시켜 늘 군중 앞에서 연설하였다. 연설의 내용은 다음과 같다.

---

[8] 하였다.:「루이 코슈트」에는 이어지는 5번 조항이 있었다. "남작 요십 엘라치치는 오스트리아와 헝가리 국왕인 짐의 대리인으로서 모든 일을 재결하고 처리할 전권을 갖는다."(850쪽)
[9] 했을까?:「루이 코슈트」에는 이어지는 다음이 내용이 있었으나 생략되었다. "자유를 갈망하고 독립을 사모하며, 정의를 지키고 죽지 않으면 안 된다는 것은 그의 유일한 방침이었다. 그는 이해관계를 우선하여 이 방침을 후순위로 돌리는 이른바 책사의 유형에 속하는 사람은 아니고, 안팎의 적을 맞아 힘이 닿는 한 이들과 맞서 싸운다는 것은 그의 당초의 결심이었다."(851쪽)
[10] 우뚝하게 솟은 …… 것이다.: 량치차오가 독자적으로 첨가한 것을 이보상이 번역한 대목이다.

"아! 군사들아! 두 개의 길이 여기에 있으니 그대들은 스스로 고르시오. 하나는 조용하고 편안하게 집으로 돌아가 처자식을 마주하는 것이고, 다른 하나는 위험과 고생에 몸을 바쳐 탕화(湯火)[11]로 뛰어드는 것이다. 탕화로 뛰어드는 길은 너희들도 알 것이고 나도 알고 있다. 비록 그렇지만 이것이 국가에 대한 우리들의 의무이니 어느 것을 쫓고 어느 것을 버릴지는 너희들에게 달려 있고 나는 강요하지 않을 것이다. 나는 나아가고 나아갈 것이다. 아! 우리 마자르인이 자유 두 자를 품고서 사방에서 몰아치는 피비린내 나는 바람과 빗속에서 섰으니, 국가와 함께 일어나 생사를 함께하기를 원하는 자는 바라건대 나를 따라오라!"

병사들은 이 연설을 듣자 자유가 아니면 차라리 죽는 것만 못하다고 하여 비장하게 앞다퉈 나아와 적에게 나아가려 하지 않는 이가 없었다. 그리하여 막 페스트성에서 나와 프레스부르크에 이르니 군사 1만 2천 명이 있었고, 대포 30문이 있었다. 10월 24일에 파른도르프[12]에 나아와 진을 치니 각지에서 의리에 나아와 모인 자가 3만 명에 이르렀다. 27일에 국회의 의결로 장군 괴르게이[13]에게 명하길, 모가의 옛 부대 병사 2만 5천 명을 코슈트의 군대와 합하

---

11) 탕화(湯火): 끓는 물과 타는 불을 의미한다.
12) 파른도르프(巴梭得, Parendorf): 현재는 지명이 'Parndorf'(판도로프)로 바뀌었다.
13) 괴르게이(古魯加, Artúr Görgey, 1818~1916): 헝가리 혁명에서 가장 뛰어난 군사 전략가이자, 혁명 말기 항복을 결정한 인물로 인해 '영웅이자 배신자'라는 이중적 평가를 받는 인물이다.

여 거느리고 국경을 넘어 오스트리아를 정벌하게 하였다.

오스트리아 왕은 빈디쉬그래츠 공[14]을 시켜 엘라치치와 함께 오스트리아 병사 7만 명을 함께 거느리고 맞아 싸우게 하였다. 28일 저물녘에 헝가리 병사는 피샤강[15]을 건너 크고 작은 수십 차례의 전투를 통해 서로 승부를 내고자 했다. 12월에 오스트리아 왕이 정사에 고단하다는 이유로 왕위를 그의 조카인 새 왕에게 넘기니, 왕의 나이는 겨우 18세였다. 헝가리 의회에서는 곧바로 결의하여 인정하지 않았다.

12월 15일에 오스트리아의 군대가 바닷물과 조수같이 밀려와 헝가리를 압박하니 그 대장 빈디쉬그래츠 공이 군대를 잘 운용해 헝가리 장군 괴르게이를 빈번히 패퇴시켰다. 오스트리아의 군대가 부다페스트성[16]을 드디어 압박하니, 어지러운 풍운에 한 해가 저물어 가고 있었다. 1849년 1월 1일에 호국위원은 페스트성에서 회의를 열었다.[17] 대중들이 이르기를, "존망이 위급하니 적의 칼날을

---

14) 빈디쉬그래츠 공(榮沼格辣, Alfred I, Prince of Windisch-Grätz, 1787~1862): 1848~49년 헝가리 혁명 진압을 주도한 오스트리아 장군으로, 한때 수도를 점령했지만, 헝가리 군의 반격으로 결국 실패하였다. 참고로 빈디쉬그래츠를 언급할 때에 본문과 저본 모두 "其子"(39쪽; 59쪽)라며 '오스트리아 왕의 아들'로 언급하고 있으나 이는 오류다. 실제 당시 오스트리아 왕 페르디난드 1세에게는 아들이 존재하지 않았다. 해당 오류는 량치차오가 이시카와 판본의 "奧國の王子"(853쪽)를 옮기는 과정에서 발생한 것으로 보인다. 이시카와가 먼저 'Prince'를 작위인 '공(公)'이 아닌 '왕자'로 오역하였고, 이것이 다시 '오스트리아 왕의 아들'로 옮겨진 것이다. 애초에 '빈디쉬그래츠'는 오스트리아 귀족 가문의 이름이다.
15) 피샤강(非西亞河, Fischa River)
16) 부다페스트성(布拉彼斯得省, Budapest)
17) 열었다.: 「루이 코슈트」의 경우 이 지점에 "괴르게이・페르첼(Mór Perczel)・라자

잠시 피하지 않을 수 없다."라고 하여 도읍을 데브레첸성으로 옮기기로 결의하였다. 괴르게이는 먼저 적을 북방으로 유인하고 병사 2만을 거느리고 페스트 북쪽 교외로 나왔다. 빈디쉬그래츠가 급히 추격하자 괴르게이가 싸우다가 달아나니, 이에 코슈트와 신정부의 문무백관이 두나강[18]으로 마침내 나와 2월 6일에 드디어 데브레첸에 이르니 이후 수차례의 교전에서는 서로 승패를 나눠가졌다.

3월 4일 오스트리아 왕은 코슈트의 당을 미워한 나머지 마침내 명령을 내려 금우헌장을 폐기하고, 러시아와 내통하여 러시아 병사 1만 5천 명을 빌려 돕게 하여 루마니아 방면에서 나와 습격하게 하였다. 코슈트가 첩보를 듣고 장군 벰을 보내 병사 1만 명으로 막게 하니 격전한 지 수차례에 공을 얻게 되었다. 3월 6일 승전보가 데브레첸성에 이르니 환희의 소리가 산악을 진동하였다. 이에 기세를 타고서 옛 도읍을 회복하기를 의론하여 클랍카와 다먀니치[19]와 아울리히[20]과 등을 시켜 4월 1일에 군대를 진격하여 다뉴브강[21] 가에 이르러 크로아티아 반군의 장수 엘라치치를 쳐부수고, 6일에 빈디쉬그래츠의 군대와 격전을 벌여 대파하였다. 빈디쉬그래츠는

르(Lázár Mészáros)·베테르(Antal Vetter), 그리고 코슈트 모두가 사후의 묘책을 강구했다."(854쪽)라는 내용이 이어진다.
18) 두나강(的奴河, Duna River)
19) 다먀니치(達米亞匿, János Damjanich, 1804~1849): 세르비아계 출신으로 헝가리 혁명군 편에 선 지휘관이며, 스스로를 '헝가리인보다 더 헝가리인'이라 부르며 혁명에 헌신하였다.
20) 아울리히(和列, Lajos Aulich, 1793~1849): 오스트리아 군 출신으로 헝가리 편에 선 국방장관이자 장군으로, 1849년 혁명 실패 후 아라드에서 처형되었다.
21) 다뉴브강(達細夫河/台比岳河畔, Danube River)

부다성으로 달아나 들어갔다. 괴르게이가 병사를 바이첸[22]에서 내자 적군이 바람에 쓰러지듯 다투어 달아나니, 포로 8백 명을 마침내 잡고 대포 7문을 노획하였다. 코슈트는 각 지역의 승전보를 연이어 받고서 괴르게이 장군과 함께 서로 껴안으며 축하하여 군전에서 눈물을 흘리며 말하였다.

"이는 모두 장군 덕분입니다."

괴르게이도 감격하여 울며 말하였다.

"제가 어찌 이 공을 차지하겠습니까. 모두 호국위원장의 힘 덕분입니다."

코슈트는 이 물밀 듯한 기세를 타고서 곧 헝가리의 독립을 천하에 포고하였다.

1849년 4월 14일에 전국의 대의사와 데브레첸성 예수교당(耶蘇敎堂)에 모여 가장 장엄한 예에 따라 이 전례를 거행할 때 코슈트가 호국위원장의 자격으로 독립을 선언하며 말하였다.

"법률로 만들어진 헝가리 국회는 지금 우리 헝가리의 독립 권리의 일로 감히 천하에 고한다.

우리 헝가리는 천 년 문명의 나라로 천지에서 헌법을 만들어 만국의 으뜸이 되었고, 문물이 찬란하여 역사에 빛나게 되었다. 그런데 300년 전의 국란으로 인해 오스트리아에게 도적질 당해 우리들의 경애하는 선조들은 비록 하루라도 조국을 잊지 않았

---

[22] 바이첸(維善, Waitzen): 현재는 지명이 바치(Vác)로 바뀌었다.

지만 일은 이루지 못하고 소회는 뜻대로 되지 않았고, 오스트리아의 전왕(前王) 역시 여론을 꺼려 온화한 방법을 때때로 시행하였다. 우리 동포는 평화를 중요시 여기고 파괴를 두려워하여 더불어 난(亂)을 일으키지 않았다. 그러나 근래 이후로 오스트리아 정부는 강권을 남용하여 우리의 헌법을 유린하고, 우리의 고혈을 짜내고, 우리의 산업을 억누르고, 우리의 인민을 노예처럼 대하였다. 내가 이 때문에 신정부를 수립하게 되었으니 오스트리아 왕은 형세가 불리해지는 것을 보고 거짓 명령을 내렸고, 해치려는 마음을 품어 우리의 도시와 농촌을 선동하고 우리의 인민들을 곤경에 빠트려 우리의 적들을 데리고서 우리의 국가를 동요하기를 꾀하였다. 나는 300년간 양국의 관계에 절실하게 두 마음을 두지 않았으나 내란은 평정하기 쉽지 않고 백성의 고통이 많기 때문에 정부를 해산하고 오스트리아에 스스로 사죄하였었다. 내가 오스트리아에 사죄한 것이 이보다 더할 수 없는데 오스트리아는 오히려 고치지 않고서 우리의 국헌을 폐기하고 우리의 민병을 없앴다. 엘라치치라는 자는 우리의 원수이고 오스트리아의 간첩이다. 총독으로 삼아 우리나라에 들어와 우리의 국민을 골라 해쳤으니, 우리 헝가리 사람은 공리를 알고 평화를 중시 여겨 윗사람을 범하고 난(亂)을 일으켜 생령(生靈)을 도탄에 빠지게 하는 것을 좋아하지 않는다. 300년 이래에 이민족의 억압 아래 신음하고 민적(民賊)과 학정(虐政) 속에 초췌해졌다. 이를 참으라면 이미 참았고, 이를 기다리라면 이미 기다렸다. 이제는 참으라 해도 참을 것이 없고 기다리라 해도 기다릴 것이 없어 매우 부득이하여 이 독립을 선언함에 이르렀다. 이는 위로는 하늘이 계시고 아래로는 백령(百靈)이 있으며, 안으로는 동포가 있고 밖으로는 만국이 있어 실로 함께 증명할 것이다. 삼가 결의한 네 조목을 선포하겠으니, 다음과 같다."[23]

제1 헝가리는 지금부터 이후로 자유 독립국이 된다.
제2 오스트리아의 조정이 헝가리에 대해 지은 죄가 무수하니, 지금부터 이후로는 배척하여 영원히 관계를 끊어버린다.
제3 헝가리는 유럽의 여러 이웃나라와 함께 신뢰와 화목을 다져 일체의 공법을 따른다.
제4 독립한 뒤로 신정부를 조직하여 그 방안은 일체를 국회의 결의에 따라 위임한다.

이 보고가 이미 발표되어 나라에 전파되니[24], 만세를 부르는 소

---

[23] 법률로 …… 같다.": 이 장문의 연설은 대부분 량치차오에 의해 새롭게 저술된 것이다. 「루이 코슈트」의 해당 대목은 애초에 연설의 형식도 아니었다. 내용은 다음과 같다. "'헝가리의 독립을 선언하기 위해 적법하게 모인 헝가리 국회는 이에 우리 헝가리국이 유럽 여러 독립국들의 대열에 낄 수 있는 권리가 있음을 선언한다.' 이것이 코슈트가 입을 열어 가장 먼저 갈파(喝破)한 말이며 그는 다음에 헝가리에 역사를 이야기하고 과거 300년간 헝가리가 오스트리아 정부 때문에 학대받은 사실을 거론하며 '나는 무익하게 혁명을 꾀한 폭도의 부류가 결코 아니며, 다년간 오스트리아 정부의 폭압과 학대를 견디다 이제는 더 이상 참을 수 없게 되어 어쩔 수 없이 독립의 선언을 하기에 이른 것이다.'라고 말하고 드디어 다음의 4개조의 결정을 낭독했다."(857~858쪽)
[24] 나라에 전파되니: 「루이 코슈트」의 경우, 이어서 다음 내용이 등장하지만 량치차

리가 귀에 가득 울렸고 네 조목에서 정한 신정부의 일을 국회에 위임함에 따라, 코슈트가 선출되어 헝가리 대통령이 되었다.

오에 의해 생략되었다. "드라바(Dráva)강가에서 카르파티안(Carpathian)봉에 이르기까지 진정한 환희의 함성이 울려퍼졌다"(858쪽)

제10절

부다성의 수복과 두 영웅의 충돌[1]

    오스트리아 정부는 이 패전 소식을 접하고 부끄러우면서도 분개하였다. 이에 한편으론 대군을 헝가리에 파견하고, 한편으론 러시아 정부에 많은 뇌물을 보내 군대를 요청하여 토벌을 돕게 하였다. 러시아 황제는 이를 계기로 이익을 도모하여 병사 13만 명을 보내 오스트리아 군대 30만 명과 함께 연합해 헝가리를 유린할 계획을 세웠다. 코슈트가 밖으로는 대적을 맡고 안으로는 국력을 살펴보니, 훈련을 거치지 않은 의용군 13만 5천 명과 대포와 소총[2]을 합쳐 4백에 불과하였다. 그러나 그는 이에 굴복하지 않고 날로 여러 장군들을 격려해 죽음으로 나라에 보답하고자 하니, 괴르게이의 군대가 끝내 5월 21일[3]에 부다성을 수복하였다. 코슈트의 기쁨은 이루 말할 수 없었다.

---

1) 제10절 부다성의 수복과 두 영웅의 충돌: 제10절은 량치차오가 「루이 코슈트」의 '제15 부다성의 회복', '제16 두 영웅의 충돌'을 통합한 것이다.
2) 소총: 「루이 코슈트」는 "小銃"(860쪽), 량치차오와 이보상 판본은 모두 "小鎗"(61쪽/44쪽)으로 되어 있다.
3) 5월 21일: 량치차오와 이보상 판본 모두 "5월 20일"(61쪽/44쪽)로 되어 있다. 이는 「루이 코슈트」의 "5월 21일"(860쪽)을 잘못 옮긴 것이어서 수정하였다.

이에 국회는 결의하여 국민의 공식 전보를 군대로 보내어 감동을 표하니, 사기가 백배나 더해졌다.[4] 코슈트는 여러 장군과 함께 군무를 함께 도와 안건을 결정하였는데 그 안건은 다음과 같다.

    하나. 덴빈스키[5] 장군을 헝가리 위쪽으로 가게 해서 러시아 군대를 막게 한다.
    하나. 베테르[6] 장군을 다뉴브강가의 바크스[7] 지방에 주둔하게 하여 남쪽에서 웅진을 삼게 한다.
    하나. 벰[8] 장군은 트란실바니아성에서 1개 여단을 이끌고 루마니아의 역도를 진압하게 한다.
    하나. 예비 병력을 다시 편성하여 솔노크[9]에 주둔시킨다.

4) 이에 국회는 …… 더해졌다.: 「루이 코슈트」와 비교하면 누락된 내용이 있고 문맥도 다소 바뀌었다. "괴르게이로부터의 승전보[公報]에 다음과 같은 말을 얹어서 이를 국민들에게 보고했다. '신의 이름을 찬양하라. 국민군의 모든 영웅들을 칭송하라. 그들은 우리나라의 자유를 위해 자신의 몸을 희생했다. 부다 성은 우리의 손에 들어왔다. 정부는 이러한 긴요한 승전보를 받았다.' 이때의 내각수상 세메레(Bertalan Szemere)는 국회에 제의하여 괴르게이 장군에게 감사장을 보내기로 결의했다." (860쪽)
5) 덴빈스키(丹邊士奇, Henryk Dembiński, 1791~1864): 폴란드 출신의 장군으로, 1848년 헝가리 혁명 당시 헝가리군의 총사령관을 맡아 오스트리아 및 러시아군과 싸웠다. 1830년 폴란드 11월 봉기에서도 활약했던 인물로, 유럽 자유주의 운동의 상징적인 군사 지도자 중 하나이다.
6) 베테르(威達, Ferenc Vetter, 1802~1882): 오스트리아 군 출신으로 헝가리 편에 선 장군이며, 괴르게이 휘하에서 참모총장 역할을 맡아 군사 작전을 계획하였다.
7) 바크스(巴士卡, Bács)
8) 벰(比謨, József Bem, 1794~1850): 폴란드계 군사전략가로 헝가리 혁명에서 트란실바니아 전선을 지휘하여, 열세에도 불구하고 기적적 승리를 거두며 '트란실바니아의 수호자'로 추앙받았다.

하나. 클랍카[10] 장군에게 병사 25,000명을 이끌고 코마롬[11] 지방에 주둔하게 한다.

클랍카는 당시에 육군대신을 맡고 있었는데 그가 이 중직을 놓아두고 적에게 나아가는 장군 한 명의 역할을 원하였으니, 애국의 정성을 볼 수 있었다. 얼마 지나지 않아 벰과 덴빈스키의 승전보가 이어지니 코슈트가 이에 부다를 다시 수도로 돌리기를 결의하여 괴르게이를 클랍카에 이어 육군대신 겸 군무총독으로 임명하였다. 이때는 6월 7일이었다.

이 당시 헝가리의 명성은 오대륙에 널리 퍼져 독립과 멸망의 기로에서 한 치 앞을 다투는 형국이었다. 저 괴르게이는 일세의 명장이고 코슈트는 세상에서 드문 영웅이었다. 이 두 사람은 군의 두 수레바퀴, 새의 양 날개와 같아서 헝가리 천여만의 생령이 모두 이들에게 목숨이 달려있었다. 만일 그들이 시종 한 마음으로 서로 이끌어주었다면 나라의 앞길이 끝없이 찬란했을 것이다. 그런데 하늘이 돌봐주지 않으시어 두 영웅이 서로 다투니 이 폭풍우가 몰아치는 날에 갑자기 용이 뛰어오르고 범이 싸우는 내란의 형세가 있게 될 줄 누가 생각이나 했겠는가. 역사서를 읽다가 여기에 이르

---

9) 솔노크(查阿諾, Szolnok)
10) 클랍카(格拉布加, György Klapka, 1820~1892): 헝가리 혁명의 장군으로, 코마롬 요새 방어전에서 끝까지 저항한 영웅으로 유명하다. 혁명 실패 후 망명 생활을 하였다.
11) 코마롬(哥摩倫, Komárom)

러 누군들 발을 구르며 통곡하여 헝가리의 국민을 위해 천고의 남은 한을 삼키지 않겠는가.[12]

부다성을 이미 수복하고 나서 오스트리아·러시아 양 군이 더욱 힘써 분전하자 병력의 현격한 차이가 너무 심하였다. 이는 헝가리가 일발천균(一髮千鈞)[13]을 감당해야 하는 중요한 형세였다.[14] 그러나 코슈트가 괴르게이와 함께 전술을 함께 논의할 적에 의견이 매번 맞지 않았다. 전 육군대신 클랍카와 여러 장교들은 대부분 코슈트의 계책을 편들었다.[15] 비록 그렇지만 괴르게이는 크게 고생하여 높은 공적[16]을 세운 것을 자부하였고 교만함이 매우 심해 번번이

---

12) 이 당시 …… 않겠는가.:「루이 코슈트」의 해당 대목과 비교하면 량치차오가 추가한 문장을 포함하여 다양한 차이점을 발견할 수 있다. 이를테면 량치차오는 비유에 능했고 감정적 표현을 풍부하게 구사했다. "아르투르 괴르게이는 일세의 명장이었다. 헝가리의 독립을 선언하고 적의 손에 떨어졌던 부다 성을 수복하는 그 웅장한 활동으로 세계열국을 경탄시키게 된 것은, 코슈트와 이 괴르게이 장군이 협심하고 협력한 결과였다. 당시 코슈트가 없었다면 헝가리의 독립을 유지할 수 없었고, 동시에 괴르게이가 없었던들 도저히 헝가리는 유지될 수 없었다. 그들 두 영웅이 뜻을 합쳐 독립운동을 할 동안에는 헝가리 운명의 맥박소리는 드높았다. 불행히도 두 영웅은 양립할 수 없었다. 괴르게이는 코슈트와 충돌하기 시작했다. 헝가리 역사를 읽는 자 이 대목에 이르러 천추유한의 감(感)을 일으키지 않는 자는 없으리라."(862쪽)
13) 일발천균(一髮千鈞): 한 가닥의 머리털로 천균, 즉 만 근(斤)이나 되는 무거운 물건을 매어 끈다는 뜻으로, 매우 위태로운 일을 이르는 말이다.
14) 이는 헝가리가 …… 형세였다.: 량치차오가 독자적으로 첨가한 것을 이보상이 번역한 부분이다.
15) 대부분 편들었다.:「루이 코슈트」에서 "左袒"(863쪽)이라 한 것을 량치차오/이보상은 "多袒"(62쪽/46쪽)으로 옮겼다. 참고로 '좌단(左袒)'은 왼쪽 소매를 벗는다는 뜻으로 남을 편들어 동의하거나 지지하는 것을 의미한다. 여후(呂后)가 반란을 꾀할 때 공신 주발(周勃)이 군중(軍中)에서, 여후를 돕고자 하는 자는 우단하고 한나라 왕실을 돕고자 하는 자는 좌단하라고 명하자 모두 좌단하였다는 데서 유래하였다.

냉소하며 말하였다.

"외교와 정치와 연설과 변론은 내가 코슈트만 못하지만 전쟁터[疆場]의 일은 내 가슴속에 생각해둔 계산이 절로 있고, 타인이 간섭할 수 있는 것이 아니다."

이에 코슈트는 어찌할 방도가 없었다. 전투는 자주 있었지만 번번이 패배하면서도 괴르게이가 자부한 바는 끝내 그 말을 실천하지 못하였다. 코슈트는 군무의 대계(大計)가 한두 번 잘못되어선 안 된다고 여겨 그 통수권을 사용해 생각해두었던 군략(軍略)을 실행하고자 하였다. 그리하여 서둘러 괴르게이에게 전령을 보내 북부 군대를 라이타강[17]가에 모으고 빈 도성(都城)으로 곧장 진격하여 수세를 뒤집어 공세로 바꾸라고 하였다. 과연 그 계책을 실행하여 오스트리아가 텅 빈틈을 타 수미가 상응하지 못하게 해 일격에 깨트렸다면 헝가리가 오늘날 하나의 웅대하고 강력한 독립국을 조속히 이루어 세계에 우뚝 설 수 있었을 터이다. 그러나 괴르게이는 겉으로는 알겠다고 하면서 속으로는 그렇게 하지 않아 끝내 따르지 않았다. 코슈트는 이에 분개해 명령을 내려 괴르게이의 겸임 군무총독을 면직시키고 메사로시 장군으로 대신하게 하였다.[18]

---

16) 높은 공적: 량치차오가 "功高"(62쪽)라 쓴 것이 이보상 판본에는 "工商"(46쪽)으로 오기되어 있어 수정하였다.
17) 라이타강(翬士河, Leitha River)
18) 코슈트는 이에 …… 하였다.: 「루이 코슈트」에는 코슈트의 명령문 전체가 인용되어 있었으나 량치차오는 약식으로 서술하였다. "육군 대신 겸 참모총장 괴르게이는 정부의 명에 복종하지 않은 일로 그 겸직을 파면하고 새로이 장군 메사로시를 참모총장으로 임명한다. 군정(軍政) 사무는 육군대신인 괴르게이의 관장하에 있지

이 전보가 알려진 당시, 괴르게이는 코마롬 지방에 있으면서 오스트리아·러시아 병사와 함께 싸우다가 마침 작은 부상[19]을 당해 군중에서 치료할 때였다. 그 부하의 군대는 매우 심하게 격앙되어 떠들썩하게 말하였다.

"코슈트는 어떤 사람이기에 태평한 페스트부(府)에 있으면서 이에 감히 우리의 전쟁터에 임하여 생명을 걸고 싸우는 장군을 헐뜯으려 한단 말인가. 우리는 차라리 죽을지언정 다른 장군의 지휘는 받지 않겠다."

정세가 흉흉하니 러시아·오스트리아라는 대적을 놓고서 창을 거꾸로 잡아 정부를 향하고자 한 것이었다. 아! 이로부터 이후로는 헝가리의 앞길을 따질 수 없게 되었다.

이때 클랍카가 코마롬 지방에 주둔하다가 이런 정세를 보고 근심하며 실색해 전력을 다해 두 영웅을 화해시키고자 하였다. 코슈트로 하여금 내린 명령을 거두게 하고 간신히 괴르게이의 육군대신만 면직시키고 군무총독의 직임은 예전 그대로 하게 하였다.[20] 비록 그렇지만 이로부터 헝가리 군중은 확연히 괴르게이·코슈트 두 파로 나뉘어 얼음과 숯처럼 항상 어울리지 못한 채 지내니, 오스트리아·러시아 군대는 그 형세를 틈타 서서히 승세를 잡았다. 7월

만 헝가리 군대의 진퇴·움직임·작전의 방식은 일체 참모총장의 지휘에 따라야 한다."(864쪽)
19) 작은 부상:「루이 코슈트」에서는 "머리에 부상"(864쪽)을 입었다고 되어 있으나 량치차오가 "微傷"(62쪽)으로 바꾸었다.
20) 하였다.:「루이 코슈트」에는 "이에 메사로시는 육군대신이 되었다."(865쪽)가 이어진다.

11일에 이르러 부다성은 다시 적에게 넘어갔다.[21]

---

21) 7월 11일에 …… 넘어갔다.: 「루이 코슈트」에는 "7월 11일 코슈트 정부는 다시 페스트부를 적에게 넘겨주고 세게덴(Szegeden)으로 이전하기에 이른다."(865~866쪽)라고 되어 있다.

제11절

코슈트의 사직과 헝가리 멸망[1]

힘은 산을 뽑을 만하고 기개는 세상을 덮는 듯하구나! 때가 불리해 추(騅)[2]가 나아가질 않는구나. 추가 나아가지 않으니 어쩌면 좋을꼬. 우희(虞姬)[3]야 우희야 너를 어떻게 할까.[4]

천하에 가슴 아프고 숨 막힐 일이 이 영웅의 말로 보다 더할 자 누가 있겠는가.[5] 코슈트는 괴르게이가 자신의 말을 듣지 않고 패배하도록 만든 것에 분개하였고, 호령 한 번 제대로 나오지 않아 군기가 떨어질까 또 염려하였다. 이에 코슈트는 괴르게이와 함께

---

1) 제11절 코슈트의 사직과 헝가리 멸망: 제11절은 량치차오가 「루이 코슈트」의 '제17 코슈트의 사직'과 '제18 무참한 학살'을 통합한 것이다.
2) 추(騅): 전국시대 초나라의 항우가 탔다는 준마 오추마(烏騅馬)를 이른다.
3) 우희(虞姬): 항우의 부인이다.
4) 힘은 …… 할까.: 항우의 '垓下歌'(해하가)를 인용한 대목이다. 「루이 코슈트」에는 없던 대목을 량치차오가 삽입하였고, 이보상이 그대로 번역하였다. 참고로 '해하가'의 원문은 다음과 같다. "力拔山兮氣蓋世 / 時不利兮騅不逝 / 騅不逝兮可奈何 / 虞兮虞兮奈若何"
5) 천하에 …… 있겠는가.: 역시 량치차오가 첨가한 문장이다. 「루이 코슈트」에는 이 위치에 " 7월 11일 부다·페스트가 다시 오스트리아-러시아 연합군의 손에 들어가면서부터 사방의 전보(戰報)는 모두 비운의 소식만 들려왔다."(866쪽)라는 내용이 있었으나 량치차오가 생략하였다.

손성준

성균관대학교 동아시아학술원을 졸업했고, 현재 같은 기관 교수로 재직 중이다. 주요 논저로 『대한자강회월보 편역집』(공역), 『투르게네프, 동아시아를 횡단하다』(공저), 『근대문학의 역학들-번역 주체·동아시아·식민지 제도』, 『완역 조양보』(공역), 『완역 태극학보』(공역), 『완역 서우』(공역), 『중역(重譯)한 영웅-근대전환기 한국의 서구영웅전 수용』, 『대한제국과 콜럼버스』, 『한국근현대번역문학사론-세계문학·동아시아· 중역』(공저) 등이 있다.

근대계몽기 서양영웅전기 번역총서 11

흉아리 애국자 갈소사전
: 헝가리 공화주의 혁명가 코슈트 전기

2025년 4월 25일 초판 1쇄 펴냄

옮긴이 손성준
발행인 김흥국
발행처 보고사

책임편집 이찬형
표지디자인 김규범

등록 1990년 12월 13일 제6-0429호
주소 경기도 파주시 회동길 337-15 보고사
전화 031-955-9797
팩스 02-922-6990
메일 bogosabooks@naver.com
http://www.bogosabooks.co.kr

ISBN 979-11-6587-844-3 94810
　　　979-11-6587-833-7 (세트)
ⓒ 손성준, 2025

정가 14,000원
사전 동의 없는 무단 전재 및 복제를 금합니다.
잘못 만들어진 책은 바꾸어 드립니다.

이 책은 2018년 대한민국 교육부와 한국연구재단의 지원을 받아 수행된 연구임
(NRF-2018S1A6A3A01042723)

영인자료

噶蘇士傳

- 『갈소사전』
  량치차오 저, 이보상 역, 중앙서관 발행, 1908.

匈牙利
愛國者 噶蘇士傳序

其所謂噶蘇士者 非亞洲之種耶 今之人言必曰亞洲無人天之生材豈其限於東西間
有如噶氏者類世不乏矣 而顧人之不知耳 滿國梁任公先生憤支那之無人而又未嘗
不喜亞洲之有人者爲 此傳其志將使支那之人聞噶氏之風而庶幾其發憤而忘食矣
吾友震奎氏痛宗國之沉淪悲士氣之衰敗諺譯此書固以廣佈一世使有目者皆得以
見之噫二氏之意亦苦矣 處於今之世讀此傳而聞 此人者安得不扼腕奮臂思爲宗國
洗恥決其北首爭死之志也 彼二氏者亦可以小雲胸中之恨乎 風雨鷄鳴世道昧昧如
噶蘇士者吾又何得而見也

西曆一千九百七年十二月十日壽昌杞憂生徐廷說題

3

序

清國梁任公著書數千編 以期悟世人 々々終未悟 清終浸々 余又知書不足感人耳 旣之而又譯梁氏之著 鷰蘇士傳何也 今之言人才者必限東西 居崑崙之西無不曰是聰是慧居其東者視如鐵限之 在前不能望其讀 鷰氏之傳而能有是乎 鷰氏亞洲之人也 其無聞於亞 有功於歐者 其非亞洲之過歟 然則亞洲之才爲歐西用者又何限也 人旣不能用才 又爲人用幾何 而見亞洲之蔚爾乎 歐洲之所以有文明者其始爲君相之虐 強隣之猂 宗敎之爭 種族之競 流血百萬 餓莩相望 幾無孑遺 故激於是而發至于今日 惟亞洲則濡於聖君賢相之治 仁義禮讓之俗 旣濡而安 旣安而怠 々々又荒凶然 固不必如歐之激而特一擧手一投足一進矣 惟至今而未之聞者 抑不知其故也

今亞洲沈且淪矣 吾知其奮發一躍而所以譯此書者 欲爲同胞奮發之一助云爾

隆熙二年孟春中陽堂主人震庵李輔相序

匈牙利愛國者 噶蘇士傳目次

發端

第一節　匈牙利의國體及歷史
第二節　噶蘇士의家勢及幼年時代
第三節　噶蘇士가 未出來 이前의匈國形勢及前輩
第四節　議員의噶蘇士와, 밋報紙를手寫 이라
第五節　獄中의噶蘇士
第六節　出獄 後五年
第七節　菩黎士堡의國會
第八節　匈國의內亂과及其原因
第九節　匈奧開戰及匈國의獨立
第十節　布打城의克復及兩雄의衝突

噶蘇士傳目次

第十一節　噶蘇士의 辭職 及 匈牙利의 滅亡
第十二節　噶蘇士의 末路 及 匈牙利의 前途

匈牙利
愛國者 噶蘇士傳

淸國 新會 梁啓超 原著
韓國 駒城 李輔相 譯述
晉陽 姜文煥 謹校

發 端

或이 新民子다려 問ᄒᆞ야 曰、子ㅣ 人物傳을 新報에 著홈에 噶蘇士로 居首홈은 何也 오 曰 吾ㅣ 前古人을 爲ᄒᆞ야 傳을 作코저 홀진딘 我國에 도 古豪傑이 不乏ᄒᆞᄂᆞ 然이ᄂᆞ 前古ᄂᆞ 往矣라 其言論과 行事가 我輩를 感動ᄒᆞᆯ만ᄒᆞᆫ 者ㅣ 近今 갓치 親切치 못ᄒᆞ고 吾ㅣ 近人을 爲ᄒᆞ야 傳을 作코저 홀진딘 歐米에 近世豪傑이 我로、ᄒᆞ야 곰 顚倒케 홀 만ᄒᆞᆫ 者ㅣ、더욱 不乏ᄒᆞ거니와 吾儕ᄂᆞ 黃人이라 故로 專制의 豪傑을 愛ᄒᆞᆷ이 白種의 豪傑을 法홈보다 過ᄒᆞ고 吾儕ᄂᆞ 專制의 民이라 故로 專制의 豪傑을 法홈이 自由의 豪傑을 法홈、보다 切ᄒᆞ고 吾儕ᄂᆞ 憂患혼時의 人이라 故로 失意의 豪傑을 崇拜홈이 得

噶蘇士傳

一

噶蘇士傳

意의 豪傑보다 甚호지라 吾ㅣ가 今에 近世史를 寬求홀진된 身이 黃種이, 되고 國을
白種地에 託ㅎ야 事를 白種에 起ㅎ고 能히 黃種의 光榮을 起케ㅎ는者ㅣ 有ㅎ
니 曰噶蘇士오 專制의 下에 起ㅎ야 國民을 爲ㅎ야 其自由를 伸케 ㅎ다가 自由는, 비
록 伸치 못ㅎ나、坐 한 國民으로、 ㅎ야곰 專制를 卒免케 ㅎ 한 者ㅣ 有ㅎ니 曰噶
蘇士오 所處호 境遇가 失意에 中호야 得意에 中호 얏다가 失意에 中호고 所懷호 希望
이 得意에 始ㅎ야 失意에 終호者ㅣ 有호니 曰噶蘇士니
噶蘇士者는 實로 近世에 一大奇人이라 其位置도 奇ㅎ고 境遇도 奇ㅎ고 其理想과 其氣槪와
其言論과 其行事가 可히、써 黃種人의 法될 만도ㅎ고 可히、써 專制國人의 法을 만
도ㅎ고 可히、써 失意호 時代의 人으로 法될 만도ㅎ니 孟子ㅣ 云치 아니신가 百世의
上에 奮ㅎ야 百世의 下에 聞ㅎ者로, ㅎ야곰 興起치 아니홀者ㅣ 無ㅎ거단, 況親灸
ㅎ者ㅣ 리오ㅎ시니 噶蘇士의 歿홈이 距今 十年에 不過홀즉 吾儕가 豪傑을 去ㅎ
지 其未遠홈이 若此ㅎ니 嗚呼라 此傳을 讀ㅎ는 熱血男子는 可히 興起홀지어다

第一節 匈牙利의國體及歷史

現今世界中에所謂雙立君主國이라ᄒᆞ는者ㅣ有ᄒᆞ니吾、國人이此言을驟聞ᄒᆞ면其何를謂ᄒᆞ미인지不解ᄒᆞᆯ지ᄂᆞ雙立이라云ᄒᆞᆷ은一君主國下에兩政府가有ᄒᆞ니其憲法도異ᄒᆞ고其風俗도異ᄒᆞ고其政府에威嚴도相异ᄒᆞ고其人民에權利도相异ᄒᆞ지마ᄂᆞ其實際를語ᄒᆞᆯ지딘聲然히兩國이오特히一君主를其上에獨戴ᄒᆞᆯᄲᅮᆫ이니此ᄂᆞᆫ近今에最히新奇ᄒᆞ고可喜ᄒᆞᆫ政體라謂ᄒᆞᆯ지라世界中에此種政體를現行ᄒᆞᄂᆞᆫ者ㅣ二國이有ᄒᆞ니其一은瑞典과、 다못挪威오其一은奧大利와다못匈牙利라此等國體가英皇의徽號와도異ᄒᆞ니比록大不列顚王兼愛爾蘭王이라ᄒᆞ얏스나然이나愛爾蘭이政府를自有ᄒᆞᆷ이아니오ᄯᅩ德、普君主國과異ᄒᆞ니德國皇位가진실노普國王의承襲ᄒᆞᆫ빈ᄂᆞ德、普가ᄯᅩ各히政府가有ᄒᆞ야普政府에對ᄒᆞᆷ에至ᄒᆞ야權限이有ᄒᆞᆷ이아니德政府가普政府로더부러平等이아니라奧等의ᄂᆞᆫ其情實이全하是와反ᄒᆞ야雙立國이라ᄒᆞᆫ가實로不可思議ᄒᆞᆯ現像이오ᄯᅩᄒᆞ過渡時代의不得已ᄒᆞᆫ最適要의法門이니奧匈兩國이合ᄒᆞ얏다가分ᄒᆞ고分ᄒᆞ

가合호所以로此等異奇호政體를造成호니其原因과經歷의若何홈은噶蘇士의傳을讀호면可히得知호리로다

請컨딕匃牙利의歷史를言호리라匃牙利의人은亞洲黃種이오古、匃奴의遺裔라 西曆三百七十二年에匃奴에一部落이裏海에北部로부터玆土를侵入호얏다가紀元一千年에及호야王國의體를始備호니東方에强族으로써西方의空氣를浴훈故로其人이堅忍不拔호고自由를崇尙호야一千二百二十二年에憲法을始立호야所謂金牛憲章이란者ㅣ有호니實로國中貴族이其王으로더부러訂定훈바條約이라 編中에軍役義務의制限과租稅條例의規定과司法裁判의制裁를一々明定호고且言호딕國王이라도此憲을違호면人民이干戈를執호고써相抗호는權利가有호니 蓋匃牙利의立國精神이是에在호니今世에政治學者가英吉利로써憲法의祖宗이라動稱호느此金牛憲章의成立홈이實로英國의大憲章發表以前의三年에在호니是는世界에文明政體를首唱훈者ㅣ實로、오작黃人이오匃牙利가世界歷史上에位置와價値가또훈足히豪호도다

匈牙利와 다못 奧大利의 關係가 實로 三百八十年以來로 一千五百二十六年에 至호
야 土耳其王 查理曼이 匈을 伐호者ㅣ 六度라 爭猶刦掠호이 즉못可當치못호야 匈王
路易第二가 戰死호고 幷王케호니 其后 馬利亞는 實로 奧王 菲荻能第一의 妹也라 호으
로써 奧를 合호야 幷王케호니 自玆以往으로 其憲法을 永히 奧의 屬地가 되얏스나 然
호는 菲荻能도、오히려 國民을 先向호야 其憲法을 守호기를 誓훈 後에야 始금 位에
踐호니 此後 百餘年間에 匈牙利國民을 使호야 暴政을 抗호는 權利가 或 失墜홈
이 無호故로 十八世紀以前은 歐洲大陸의 國民이、그 自由와 自治의 幸福을 享호者
ㅣ 匈牙利로써 最호니 匈牙利國民은 義俠의 民이라 前奧女王 馬利亞的黎沙時代
에 普魯士와 撒遜<small>德國聯邦의一國</small>과 法蘭西諸國이 軍을 聯호야 奧를 破호니 奧女王이 匈의
士字尼로 避亂호야 匈牙利國會를 開호야 其民에게 求救호니 匈人이 義憤이 激호야
聯軍을 戰退호고 其後 拿破崙이 歐洲를 蹂躪홈에 奧大利가 受創이 最劇호지라 奧王
佛蘭西第一 이또호 匈民義俠의 力을 賴호야 僅히 自保호니 匈이 奧에 有造홈이 一端
이 아니러니、밋 維也納會議가 已 終호고 神聖同盟이 斯立홈의 <small>一千八百十五年에事라 拿破崙의風潮가旣息홈</small>

五

噶蘇士傳

니各國君主가共國民을脅制ㅎ야기爲ㅎ야俄、普、奧三帝가ㅎ야人이인人의德을念치아니ㅎ고此會를據ㅎ야五相援助ㅎ야기로盟誓홈이라奧人이엿人의德을操縱ㅎ고內로と反히忌嫉ㅎ야奧相梅特涅은絶世의奸雄이라外로と列邦을操縱ㅎ고內로と民氣를壓制ㅎ야엿民의八百年來의民權이摧陷홈을殆盡ㅎ야水深火熱ㅎ눈鳴烏의不聞홈을哀ㅎ고雨橫風狂ㅎ야潜龍이時起홈을望ㅎ니時勢가英雄을助ㅎ지라噶蘇士가實은此時의産兒러라

第二節 噶蘇士의家世及幼年時代

一千八百二年은實로歐洲의一最大紀念의年이라盖世怪傑ㅎ눈拿破崙도是歲에卽位ㅎ야法蘭西王이되고歐陸風雲의風雲兒噶蘇士도또호其年四月二十七日에엿牙利北方精布梭省에生ㅎ니噶蘇士의家系가비록貴族은아이나其父가本來愛國으로知名ㅎ던者오其母눈熟心ㅎ눈新敎徒라自幼로受敎가有方ㅎ으로性質이高尙ㅎ고熱誠이過人ㅎ야偶然혼者ㅣ아니러라噶蘇士가早慧ㅎ야年僅十六에巴特府카文大學校에卒業ㅎ야名聲이藉甚혼지라常히語人ㅎ야日丈夫의志가一立ㅎ면何事를可成치못ㅎ리오ㅎ니聞者ㅣ莫不歎異ㅎ더라十七歲에

噶蘇士傳

비로소 法律을 硏究ᄒᆞ야 某府裁判所에 奉職ᄒᆞ야 ᄡᅥ 習練을 資ᄒᆞ고 恒常各地에 游歷ᄒᆞ야 所至에 法廷에 必參ᄒᆞ야 閱歷을 益深ᄒᆞ더니 一千八百二十二年에 年僅弱冠이라, 곳 法律로ᄡᅥ 國中에 聞ᄒᆞ야 故鄕에 遂歸ᄒᆞ야 精布梭省에 名譽裁判官이 되야 其 天才의 絶特홈이 實로 足히 驚人홀者ㅣ 有ᄒᆞ니 此後十年間에ᄂᆞᆫ 法律에 從事ᄒᆞ야 往々히 山海도 跋涉ᄒᆞ고 曠野도 獨適ᄒᆞ야 或 游獵으로 心膽도 練ᄒᆞ고 或 演說로 雄辯도 養ᄒᆞ니 鷙鳥가 將擊홈이 羽翔을 先修ᄒᆞᄂᆞ니 偉人에 所養홈이 自來가 有ᄒᆞ더라

第三節 噶蘇士가 未出來以前에 匈國形勢及前輩

十九世紀의 匈牙利史에 三傑을 得ᄒᆞ니 前은 沙志埃伯爵이 有ᄒᆞ고 中은 噶蘇士가 有ᄒᆞ고 後ᄂᆞᆫ 狄渥이 有ᄒᆞ니 國民의 救主오 歷史의 明星이러라 噶蘇士가 沙志埃의 養成ᄒᆞᆫ 바를 憑藉ᄒᆞ야 因ᄒᆞ야 一鳴驚人ᄒᆞ고 其 挫敗된 後에ᄂᆞᆫ 未竟홀 業은 狄渥을 賴ᄒᆞ야ᄡᅥ 功을 告ᄒᆞᆫ 故로 噶蘇士를 爲ᄒᆞ야 傳을 作홀진된 不可不前後二傑을 幷ᄒᆞ야 論ᄒᆞᆯ지로다

沙志埃伯은 溫和派오 噶蘇士ᄂᆞᆫ 急進派니 急進派ᄂᆞᆫ 噶蘇士를 前ᄒᆞ야ᄂᆞᆫ 威哈林男爵

七

이 有ᄒᆞ니 故로 噶蘇士 以前의 匈國形勢를 知코져 잔딘 沙, 威 兩 前輩가 其 代表러라

匈牙利가 本來 國會가 有ᄒᆞᄂᆞᆫ 但 神聖同盟의 以後로ᄂᆞᆫ 梅特涅에 全盛ᄋᆞᆯ 正値ᄒᆞ야 專制政策이 日甚一日ᄒᆞ야 外患은 이믜 足히 畏ᄒᆞᆯ 것이 無ᄒᆞ고 오작 맛당히 努力

ᄒᆞᆯ者ᄂᆞᆫ 家賊만 防ᄒᆞᆯ 섇이라 ᄒᆞ야 匈牙利人ᄋᆞᆯ 思 及ᄒᆞᆷ의 其 毛羽가 未 豊ᄒᆞᆷᄋᆞᆯ 從ᄒᆞ야 剪ᄒᆞ리라 ᄒᆞ고 이에 國會를 不開ᄒᆞᆫ지 七年이며 凡 立憲君主國은 國會를 召集ᄒᆞᄂᆞᆫ 權이 雖 君主가 寧ᄒᆞᆫ이라 不 寧 惟是라 ᄯᅩ 金牛

憲章의 明文을 蹂躙ᄒᆞ야 軍隊로 國民ᄋᆞᆯ 脅ᄒᆞ야 兵役ᄋᆞᆯ 服케 ᄒᆞ고 租賦를 增徵ᄒᆞ야 其 奉恩 非禮ᄒᆞᆫ

行爲를 坐視ᄒᆞ리오 於是에 國論이 譁々ᄒᆞ야 匈牙利人이 엇지 手를 束ᄒᆞ고 此의

前日보다 數倍에 至ᄒᆞ니 져 義俠의 匈牙利人이 엇지 手를 束ᄒᆞ고 此의

야 이에 一千八百二十五年에 國會를 設ᄒᆞᆷ이 有ᄒᆞ니 時에 上議院에 一豪傑이 出ᄒᆞ니

沙志埃가 其人이러라

國會에 舊例ᄂᆞᆫ 오작 拉丁語만 用ᄒᆞ야 演說ᄒᆞ게 ᄒᆞ얏스니 蓋 奧王이 匈人을 壓制ᄒᆞ

ᄂᆞᆫ 一法門이라 沙伯이 萬斛의 愛國血誠을 進ᄒᆞ야 毅然히 此 拑軶을 脫ᄒᆞ고 開會日을

當ᄒᆞ야 굿 匈牙利語로ᄡᅥ 大聲疾呼ᄒᆞ야 匈人에 固有ᄒᆞᆫ 權利를 申明ᄒᆞ고 佛蘭西王第

噶蘇士傳

一의 失政을 歷數호니 海潮가 一鳴호미 聲이 天地에 滿호지라 自此以往으로 十五年間에 自千八百二十五年으로 至一千八百四十年호지 沙志埃가 實로 헝牙利全國에 代表者가 되야 伯이 一書를 作호야써 國人을 獎勵호야 曰

嗚呼라 우리 同胞여 嚆昔에 光榮호고 赫奕호던 헝牙利가 今에 陷溺호미 至此호니 吾ㅣ 能히 悲치 아니리오 雖然이나 公等은 悲치 말고 其愛國의 心을 奮호야써 他日에 光榮호고 赫奕호 新헝牙利를 鑄造호미 또 엇지 難호리오

此數言을 讀호면 可히、써 沙伯의 爲人을 想見호리로다 彼가 空言뿐 아니라 坐로 行호야 一切히 民智를 開호고 公益을 增호 事를 盡力호야 民會를 設호야、써 羣氣를 通호고 高等學校를 設호야、써 人才를 養호고 新式劇場을 開호야써 民氣를 勵호고 郵船과 鐵道를 廣設호야、써 交通을 便케 호고 水利를 興케 호야、써 民財를 阜호야 凡玆文明의 事業을 枚擧키 未遑호지라 蓋沙伯者는 貴族이오 實行호 經世家라 其所務호者가 溫和手段으로써 移風易俗호고 實力을 畜養호니 所謂老成으로 謀國홈이 眞實로、맛당히、如是호더라

九

噶蘇士가 如電호 目光을 具호고 如鐵호 熱誠을 抱호고 深히 民族主義에 見홈이 立國에 本을 삼아 久히 匈牙利에 獨立을 호 大理想을 胸中에 懷호니 그 能히 沙伯의 施設호 바로 踏踏滿志치 아니홈이 오 호 勢에 偶然이러라 未幾에 法國 第二에 革命이 起홈의 千八百三十 電流倏忽호야 歐洲에 編傳호니 匈牙利도 호 其影響을 受호야 急進派가 與호야 志士ㅣ 國中에 奔走號呼호야 曰獨立, 獨立, 獨立이라호는者가 所在ㅣ 如是 호지라 於是乎ㅣ一千八百三十二年에 國會가 坐不得不開호지라 溫和派首領沙志埃伯이 急激派首領威哈林男으로부러 會議혼지 數次에 互相調和호야 이에 議案을 國會에 提出호니 其畧에 曰

憲法者는 匈牙利 各種 法律에 源泉이라 議院의 承認을 不徑호고 妄히 法律을 布홈은 政府에 專橫혼者ㅣ 一也오, 一千八百二十五年 以來로 七年之間에 國會를 不開호니 是는 政府에 怠慢혼 罪ㅣ 二也오, 農工勞力者는 國民에 神聖이라 今에, 자못 奴隸로써 視호야 保護홈이 毫無호니 是는 厲民이라 謂홈이 三也오, 選擧權이란者는 天賦의 權이라 成年혼 民이다 此權이 當有홀지어놀 妄히 制限을 加호야 自由를

噶蘇傳士

侵害홈이四也오、國會에匈牙利語를許用치아니호고、오쟈拉丁語와밋日耳曼語만獎用홈은匈牙利의國權을損홈이五也오、國大學을不興호야言호되愛國者는本國을愛호고奧王을崇拜호는者의流가英語로써學校中에第一敎科를作코져호야其本을不知홈이라學校가不起호야國民智를窒塞케홈이六也오、內地工業의萌芽홈이四年을連亘호야此等提案이日漸衰頹호야國民이死地에陷케홈이七也라國家가旣開호야苛政에困홈이되야此等提案이日々提議호야將次改革을大行호야民의創夷를拯호시奧王이方히專制中에醉夢호야新政을視호기를蛇蝎과如호고左諸案이旣定호면드듸여可히復制치못홀가恐호야於是에駭斥을悉與호야從이一無호니國會가失望호餘에憤激이愈甚호야威哈林男이慨然曰

立憲君主國에議院의議定호案은반다시君主의批准을經호然後에施行홈이라
嗚呼라우리同胞는其念之홀지어다我等의提議호各件은、진실노匈民에有利호고左호奧王의게有害홈이아니어놀顧컨된奧王이反抗호니其意를推컨된我의所愛호匈牙利로써永世히奴隸國을爲치아니호면止치아니호리니實로匈牙利의公敵이러라

此의一語가數萬義俠의伵國民에耳膜을激動ᄒ야且哀且痛ᄒ고且憤且恨ᄒ야一
嘯百吟ᄒ고一呷百問ᄒ야人의心中目中口中에餘ᄂ바干戈를執ᄒ야、
써虐政을抗ᄒᄂ一大義를牢記ᄒ니蓋此를舍ᄒ고餘望이無ᄒ지라奧政府가
威哈林을仇ᄒ이旣甚ᄒ야逮ᄒ야獄에下ᄒ야、써其餘를警ᄒ기를思ᄒ나잣못壓
力이愈緊ᄒ죽躍力이愈騰ᄒ을不知ᄒ야百新黨이講壇에演說ᄒ이一新黨이年檻
에서呻吟ᄒ만不如ᄒ야於是에擧國中에革命、革命의聲이山岳을撼ᄒ고
河澤을呑ᄒᄂᄃ其聲에最大ᄒ고遠ᄒ者ㅣ誰오則噶蘇士가其人이러라

第四節　議員의噶蘇士와、밋報紙를手寫ᄒ이라

噶蘇士가故鄕에在ᄒ時에聲望이日隆ᄒ야强을鋤ᄒ고弱을扶ᄒ며病을憐ᄒ고貧
을憐ᄒ야闔省의人이、다其德을感ᄒ야死力을效ᄒ기願ᄒ者ㅣ蓋數千이라一千
八百三十二年의國會에選擧ᄒ을被ᄒ야當時國會가急激에潮流를乘ᄒ야奧政府에
壓虐ᄒ이、이믜飛瀑、千丈에勢를成ᄒ얏스나雖然이나奧政府ᄂ오히려頑然不
願ᄒ야其威權을行ᄒ야各報舘에院中一切情形을登載ᄒ기를不許ᄒ니噶蘇士ㅣ

親히 院中에 在ᄒᆞ야 諸狀을 目擊ᄒᆞ고 깁히 國民이 能히 備知치 못홈을 爲憾ᄒᆞ야 이에 法律에 舞文ᄒᆞ는 伎倆으로ᄡᅥ 政府에 告示語를 解ᄒᆞ야 曰 政府에 禁ᄒᆞ는 바는 印板이 오 點石과 及ᄒᆞ것은 曾禁치 아니ᄒᆞ얏다ᄒᆞ야 議會 事情 을 將ᄒᆞ야 曰 點石一紙를 爲ᄒᆞ야 ᄡᅥ 國民의 게 布ᄒᆞᄂᆞ니 旱에 霓를 望홈과 渴에 飮을 得홈과 如ᄒᆞ야 展轉傳誦ᄒᆞ야 脛치 아니코 國中에 編ᄒᆞ니 奧政府가 此情形을 覘ᄒᆞ 고 ᄯᅩ 急히 下令ᄒᆞ야 曰 點石도 ᄯᅩᄒᆞᆫ 印刷物이라 맛당히 一倂 禁之ᄒᆞ리라 ᄒᆞᆫ 蘇士의 熱心이, 이믜 壓抑이 益增홈으로 ᄡᅥ 國民이 噶氏에 報告를 望홈이 ᄯᅩ 艱難 ᄒᆞ야 愈切홈으로, 이에 鈔骨를 廣聘ᄒᆞ야 其所草ᄒᆞᆫ 議會日記를 將ᄒᆞ야 論評 을 加ᄒᆞ야 手로 寫ᄒᆞᆷᄋᆞ로ᄡᅥ 求者를 應ᄒᆞ며, ᄯᅩ 政府에 復ᄒᆞ야 曰 是는 書簡이 오 報章 은 아니라 政府가 若何ᄒᆡ 橫暴를 勿論ᄒᆞ고, 엇지 我에 一信도 不發홀 權利가 엇 ᄒᆞ리오 ᄒᆞ니 政府도 ᄯᅩᄒᆞᆫ 如何ᄒᆞ야 於是에 噶家의 墨蹟 報가 드듸여 風 靡ᄒᆞ야 每次 發行이 一萬分 以上에 至ᄒᆞ는지라 渺然ᄒᆞᆫ 僻壤에 一書生이, 드듸여 一躍ᄒᆞ야 全歐 奸雄 梅特涅의 一大敵이 되도다

此時를當ᄒ야噶蘇士의强毅刻苦홈이使人으로驚絕케ᄒᆯ者ㅣ有ᄒ니拿破崙은一晝夜에僅히三小時를睡ᄒ니嗚呼라偉人이여、偉人이여、엇지、흔갓其心力만强ᄒ고其胸力만强ᄒ리오蓋其體魄이또흔大過人훈者ㅣ有ᄒ니天下事에有志ᄒᆫ者ᄂᆞᆫ도한、가히、써其所養홈을知ᄒ리로다

奧政府가噶氏를視홈이眼中에釘과喉中에鯁ᄀᆞᆺ치ᄒ야衆怒를犯ᄒ기重히역여敢히더부러遙히爲仇치못ᄒ고議院에期가滿ᄒ야解閉훈後가또훈省止훈다ᄒ야아직少俟ᄒ얏더니噶蘇士가、다시、그鈔報가彼斯得省에移ᄒ야省議會와府議會의事를廣記ᄒ고萬鼎을鑄ᄒᄂᆞᆫ筆舌이仍ᄒ야不停ᄒ며風雨를呼ᄒ고鬼神을泣ᄒᄂᆞᆫ文章이또光芒ᄒ야益上ᄒ니政府ㅣ旋滋ᄒ야處ᄒ얏스니噶氏도또훈奇禍가不遠홀쥴을知ᄒ야

一日은一友를携ᄒ고布打城外野에散步ᄒ다가牢獄을指ᄒ고言ᄒ야日吾ㅣ不久에將次此中의人이되리로다雖然이나우리同胞가만약我를由ᄒ야自

由를得ᄒᆞ면吾ㅣ비록此中의鬼가爲ᄒᆞᆯ지라도不辭ᄒᆞ리라ᄒᆞ더라
時에急進黨이、아믜威哈林男을失ᄒᆞ미噶蘇士가、드듸여全黨首領이爲ᄒᆞᆷ이
有ᄒᆞ야慨然히一身을犧牲ᄒᆞ야써國家를供ᄒᆞ니蓋十年以來로素志의自審ᄒᆞᆷ이己
熟ᄒᆞ야鼎鑊의甘ᄒᆞᆷ을餂ᄒᆞ야求ᄒᆞ야도可히得지못ᄒᆞ니男兒、男兒가可히
맛당히如是치아니ᄒᆞ리오果然奇禍의至ᄒᆞᆷ이彼에所期ᄒᆞᆫ것과如ᄒᆞ야奧政府가드듸
여一千八百三十七年五月四日에此를大逆不道ᄒᆞᆫ者라ᄒᆞ야布打城의獄에繫ᄒᆞ니
此後로ᄂᆞᆫ龍跳虎擲ᄒᆞ던噶蘇士가其自由를失ᄒᆞᆫ者ㅣ蓋三年이러라 時에年이三十七歲러라

第五節　獄中에噶蘇士

塞翁이馬를失ᄒᆞᆫ것이、엇지福아닌줄知ᄒᆞ리오此ᄂᆞᆫ中國에恒言이라噶蘇士가
下獄ᄒᆞᆷ이其所志가一挫ᄒᆞ얏슬지라도此三年中에內로ᄂᆞᆫ그聲望을蓄積ᄒᆞ야고進德
이더욱勇猛을加ᄒᆞ얏고外로ᄂᆞᆫ國民의懷恩을修養케ᄒᆞ니、딋
기將來에大飛躍ᄒᆞᆯ地步를爲ᄒᆞᄂᆞᆫ者ㅣ不少ᄒᆞ더라其獄中에在ᄒᆞ야筆記內一節을
試觀ᄒᆞᆫ즉云ᄒᆞ되

獄中에 第一年은 一書도 許讀지아니ᄒᆞ고 一字도 許書치아니ᄒᆞ야 無聊가 極ᄒᆞ더니 第二年은비로소讀書를許ᄒᆞᄂᆞ然이나 政治時務의書를許치오히려一切禁之ᄒᆞ니 吾가진실로政治時務의書를嗜好ᄒᆞ얏스나 雖然이나 政治時務의書를得讀ᄒᆞᆷ은卽도ᄒᆞᆫ政治時務의書를不許ᄒᆞᆷ을因ᄒᆞ야 此에讀書ᄒᆞᄂᆞᆫ權利를辜負키不可ᄒᆞ야, 이에 反覆思維ᄒᆞᆷ에 英雄文을先學ᄒᆞ을만갓지못ᄒᆞ다ᄒᆞ야 獄吏를向ᄒᆞ야 英文典과 英獨字典과 밋 索士比亞의詩文集各一部를乞得ᄒᆞ야讀ᄒᆞ니 敎師가無ᄒᆞ고 自悟만憑ᄒᆞ고, 이에 文典을 依ᄒᆞ야 索集을讀ᄒᆞ니 每一葉을讀ᄒᆞᄆᆡ 반다시 其意로全通ᄒᆞ기를 求ᄒᆞ야 疑義가毫無ᄒᆞᆫ後에 他葉에 及ᄒᆞ니 蓋一葉을讀ᄒᆞᄆᆡ 兩禮拜를費ᄒᆞ다云ᄒᆞ니 此後凡二年間에 專히英文學에從事ᄒᆞ야 其趣味를盡解ᄒᆞ야 精神에修養ᄒᆞᆷ이 또ᄒᆞᆫ大ᄒᆞ더라

索士比亞의 集ᄒᆞᆫ 바ᄂᆞᆫ 英文學의 精髓오 英人의 稱ᄒᆞᆫ바 通俗의 聖經이라 氏가 英國第一詩稍讀ᄒᆞᆫ者ㅣ能히知得ᄒᆞᆫ지라 隱蘇士ㅣ 임의 英文을 通ᄒᆞ야써 其學識을增ᄒᆞ고, 다시 人格을養ᄒᆞ야써 人이되야 英語를 그品性을高케ᄒᆞ니 獄吏도 隱氏의게 造가有ᄒᆞᆷ이, 또ᄒᆞᆫ 大치아닌가 加ᄒᆞ야 其被逮

홀時에 所播한 文明種子가 임의 國中에 編하야 間한者ㅣ 진실노 抱腕流涕치 아니한 者ㅣ 無하더라 法廷에 對簿함을 當하야 激仰慷慨하야 無罪함을 自辯하야 政府에 非禮를 叱責하니 其言論과 風采가 長히 全國人의 腦中에 印한故로 三年間에 其身이 黑暗의 中에 在하얏스나 其聲名이 旭日이 昇天함과 如하야 隆々히 愈上하야 國民이 一日아라도 或 忌함이 無하야 都會遊說의 士로붓터 山谷扶杖의 民에 及하야, 문득 領을 引하고 臂를 攘하야 曰 噶蘇士를 救함이여 하야 所在가 皆然하더라

噶蘇士가 獄에 投한지 翌年에 奧政府가 土耳其와 埃及事件을 因하야 不得不 軍備를 增할지라 兵士 一萬八千을 伊牙利에 募코저 하야 이에 國會를 復開하야는 案을 具하야써 伊人의게 請하니 伊人이 王에 反覆無常함을 疾하야 無事할 時는 我의 權利를 蹂躪하야, 우리 恩人을 捕하얏다가 一朝에 有事하면, 문득 우리 兵力을 借하니, 엇지 俯從하리오 하야, 이에 國會를 先開하고 國民의 意向을 定하야 委員을 選하야써 政府와 交涉하되 政府가, 만얄 虐政을 廢하고 威哈林과 噶蘇

噶蘇士傳

十七

士를釋하면匈民이、오작政府에命흘바를從한다하고匈의溫和黨은坐別로其案하야써政府에忠告하야曰匈牙利國情이委員의所逃한것과一如하니政府가讓步치아니하흑事를成코져하기難하고、오작噶蘇士의赦免一事는可히從치못할지니噶蘇士는猛虎라一朝에出山하면其氣가、장찬可當치못호다云云하니觀此한즉、坐히可히隔氏의人物과價値의如何흠을知하리로다奧政府가此兩案을接하고躊躇未決하더니國會의期間이己至하야討論호자六個月에異議가百出하야政府의希望하던日的이맛촘닉可히得達치못할지라宰相梅特涅이가苦思焦慮하며蘇士等을釋免치아니하면所事가終히得就치못할줄을知하고於是에出獄의命이遂下하니라

一千八百四十年五月十六日은匈牙利國民이恩人을布打城에서迎하던一大紀念日이라萬衆이簇擁한中으로獄門이開한處로見하니日이炯々하고神이奕々한噶蘇士가右手로써白髮耆耆者를携하고徐步로出하니歡號의聲이山岳을忽震하는지라噫라此轄는爲誰오、곳當年에國會에在하야髥를掀하고髮을竪하야聲淚가俱

下ᄒᆞ야 奧王 佛蘭西士를 直斥ᄒᆞ야 匈牙利 公敵이라ᄒᆞ던 威哈林 男爵이 噶蘇士를 從ᄒᆞ야 後ᄒᆞᆫ 者ㅣ 一狂夫가 有ᄒᆞ고 死에 瀕ᄒᆞᆷ이 有ᄒᆞᆫ 者 三이니 皆急進黨 中에 錚々ᄒᆞ야 一즉이 風雲을 叱咤ᄒᆞ야 國의 先驅가 되ᄂᆞᆫ 者라 義俠의 匈民이 一掬의 淚를 揾ᄒᆞ야 愛國者를 萬死 一生中에 迎ᄒᆞ니 嗚呼라 感慨ᄒᆞᆷ이 何如ᄒᆞ리오

第六節 出獄ᄒᆞᆫ 後 五年間

噶蘇士가 이믜 出獄ᄒᆞ미 暫時 山明水麗ᄒᆞᆫ 地에 退定ᄒᆞ야 疲憊ᄒᆞᆫ 體氣를 回復ᄒᆞ니 其時에 聲息을 仰ᄒᆞ야、더부러 聯姻을 思ᄒᆞᄂᆞᆫ 者ㅣ 踵이 相接ᄒᆞᄂᆞᆫ 其間에 或溫和黨의 貴族이 簀備를 請ᄒᆞ야 致詞ᄒᆞᄂᆞᆫ 者도 有ᄒᆞ나 噶氏가 毅然히 排斥ᄒᆞ야 曰彼가 雖佳人이나 但其父가 結繩ᄒᆞ야 彼를 縛ᄒᆞᆷ이 已久ᄒᆞᆫ지라、ᄒᆞ고、맛참ᄂᆡ 一千八百四十 一年에 同志 某에 女公子로 더부러 結婚ᄒᆞ고 其年에 報紙를 彼斯得省에 出ᄒᆞ니、곳 有名ᄒᆞ던 彼斯得省의 報ㅣ 是也라 曩昔에 噶家에 墨跡報가、임의 全匈을 震撼ᄒᆞ더니 今에 此報가 噶蘇士의 名으로 主筆을 定ᄒᆞ니 不數月에 銷行ᄒᆞᆫ 數가 萬分 以上에 達ᄒᆞ야 勢力의 磅礴ᄒᆞᆷ이 前보다 更히 倍ᄒᆞ더라 一千八

噶蘇士傳   十九

噶蘇士傳

百四십삼년에 至ᄒᆞ야 國會ᄅᆞᆯ 更開ᄒᆞᆯᄉᆡ 噶氏가 드듸여 彼 斯得省 候補者에 立ᄒᆞ니 奧 政府가 入選ᄒᆞᆷ을 惡ᄒᆞ야 百方으로 排斥ᄒᆞ더니 맛참ᄂᆡ 溫和黨 候補者에 擬奪ᄒᆞᄂᆞᆫ 비 되엿더라 一千八百四十四年에 奧國政府가 更히 自由黨이 被黜ᄒᆞ야 帝政黨이 代ᄒᆞᆷ이 專制의 政을 益行ᄒᆞ야 悍然히 匈牙利로ᄡᅥ, 곳 其 奴隷라 ᄒᆞ야 其 法律에, 가장 無理ᄒᆞᆫ 一條에 曰

一、自今以後로 匈牙利人은 奧國에서 製造ᄒᆞᆫ 바 物品을 除ᄒᆞᆫ 外ᄂᆞᆫ 他國貨의 輸入 ᄒᆞᆷ을 不許

一、匈牙利、의 製造ᄒᆞᆫ 바 物品은 비록 一物이라도 奧國에 輸出을 不許

蓋彼等이 此法律을 藉ᄒᆞ야ᄡᅥ 奧國에 商工業을 保全코저 ᄒᆞᄂᆞᆫ 平準의 眞理를 不解ᄒᆞ니、 진실로 愚瞽ᄒᆞᆷ이 可笑ᄒᆞ고 또 人民의 權利를 不顧ᄒᆞ고 橫暴ᄒᆞᆷ이 더욱 可憤ᄒᆞᆫ도 다 噶蘇士가、이에 彼 斯得報의 力을 憑藉ᄒᆞ야 大聲疾呼ᄒᆞ야 全國 人民에 工商家를 喚起ᄒᆞ야 輩이 起ᄒᆞ야 應ᄒᆞ야 一大會를 設ᄒᆞ야ᄡᅥ 政府를 抗ᄒᆞ니 其會의 決議에 曰 우리 匈牙利人은 自今 以後로 奧國政府가 此法律을 改定ᄒᆞᄂᆞᆫ 日이 아니면 決코 奧

國의貨物을許買치아니홈이라
此決議가旣行홈이奧國工商이反히損害를大被ᄒᆞ야無量에製造廠이奧國으로自
ᄒᆞ야匈境內에移設홈에馴致ᄒᆞ야도政府가能히禁止치못ᄒᆞ더라斯時를當ᄒᆞ야噶
蘇士의運動이, 가장烈ᄒᆞ고國을爲ᄒᆞ야失明ᄒᆞ얏던, 威哈林男도또한其半癈ᄒᆞᆫ身
을獻ᄒᆞ야東奔西走ᄒᆞ야政府에罪狀을鳴ᄒᆞ니革命의期가箭이弦上에在홈과如ᄒᆞ
더라
匈人의商工大會가既이成立홈이奧政府가苦ᄒᆞ야一千八百四十七年에, 다시
匈牙利國會를召集ᄒᆞ니彼斯得省에서當選혼議員이二名이니其一名은當時에人
望이最高ᄒᆞ고諸黨이共히推仰ᄒᆞ던바巴站伯爵이오其一名은諸黨이競爭ᄒᆞ든바
侯補者ㅣ三人이니一日把拉이오二日星拉黎오三日卽噶蘇士니政府가噶蘇士를
忌홈이蛇蝎과如ᄒᆞ야, 다시力을極ᄒᆞ야阻ᄒᆞ니政府에黨혼者는星拉의게意를咸
屬ᄒᆞᆫ지라, 이에星拉二人이陽氏가, 장ᄎᆞ侯補됨을聞ᄒᆞ고, 더부러謀ᄒᆞ야日
吾輩가議員에乏홈을承ᄒᆞᆷ은, 장ᄎᆞ國家의前途를爲홈이라鷲鳥에屢百이一鶻만不

如호니 閣蘇士ㅣ 若出호면 吾輩가 可히 侯補를 避치아니 치못호라라 호고 其 侯補의 任을 悉辭호니 於是에 閣蘇士가 다시 擧을 被호야 議員이 되니 國民의 歡呼호는 聲이 國都에 條編호는지라 與政府ㅣ 聞호고 惴々然호야 一敵國을 新得호것갓치 可히 終日치못홀듯호더라

當時에 匈牙利政界가 三黨派에 分호니 一曰溫和黨이니 沙志埃가 魁가 되고 二曰急進黨이니 閣蘇士가 魁가 되고 其三은 곳 社會黨이니 溫和黨의 主義는 與政府로더부러 聯絡호기를 務호야 改良호기를 圖호고 社會黨의 主義는 現時에 文物制度를 破壞호고 各히 新理想을 行호기를 務호되、 오작 閣蘇士의 一派는 別로 機軸을 出호야 其力의 所及을 盡호야 種々法案을 提出호야 政府를 迫호야、 써 實行케호고, 萬若 不成호면、 이에 更히 他途에 出호야 萬不得已호 境遇가아니면 破壞手段을 不用호니 以故로 此派가、 항상 能히 溫和、社會兩黨의 中에 調和호야 全國으로、 호야금一致케홈은 皆此를 由홈이러라

第七節 菩黎士堡의 國會

喝蘇士傳

一千八百四十七年十一月十二日에國會를菩黎士堡에서開ㅎ야翌年四月十一日에閉會ㅎ니此次國會는實로近世匈牙利史中에、가장重要호部分이오、또호匈蘇士傳中에、가장快烈호生涯러라

奧王脾的能第五가議院에臨幸ㅎ야開會의典을擧行홀시匈人의衆怒에難犯홈을見ㅎ고宰相梅特涅이가王을籠絡의術로勸ㅎ야開會勅語의謙愼을加ㅎ나雖然이나熱誠機智호匈國民이엇지甘言醜態에能히動홀비리오下議院의風潮가竟히喝蘇士의指揮호빈되야一擊千里에勢가有ㅎ더라

硝藥이滿地나火線을待ㅎ야爆ㅎ고洪濤가崩堤ㅎ야蟻穴을乘ㅎ야轟々ㅎ나니天이匈民에無告홈을不忍ㅎ시고全歐洲에各國民의無告홈을不忍ㅎ신지라一千八百四十八年二月二十八日에一聲霹靂갓튼巴里第二革命이起ㅎ니라三月二日에法이其王을英에流ㅎ니此革命軍의詳報가 또호匈牙利에義俠人民이此影響을一受ㅎ미自由를愛ㅎ고自由를尊ㅎ는匈牙利人民이能히當홀者一有ㅎ리오三月四日에一議員이馬力을增홀것갓치萬丈氣熖을誰가能히當홀者一

二十三

銀行에서 信用을 失혼 紙幣물을 可히 通用치못호고 故로 政府에 質問호니 凡國會가 政府大官이 熱烈호야 議員에 質問을 應홈이 政府가 方이 苔辦코져홀時에 噶蘇士가 忽히 從容起立호야 懸河에 雄辯을 皆有호니라 政府의 罪惡을 痛數호야 詰호딕 鈔幣가 信用을 失흠을 振호야 政府가 財産上에 能力이 無흠을 證明흠이라호고 匈牙利 及 波希米亞에 서入흠은 實로 政府가 財産上에 能力이 無흠을 證明흠이라호고 이에 更히 單刀로 直入 호야 昌言曰

우리 匈牙利는 獨立에 政府를 建호고 獨立에 財政을 行흠이 곳當今에 急務라 匈牙 利라호는 者는、곳 匈牙利人의 匈牙利니、우리 同胞는 自治의 責任이 自有호고 他人의 能히 代홀빗아니라호니

此滔々호고 轟々호고 烈々혼 一段演說이 斗大혼 火球를 國會爆藥中에 擲호는것갓 치 革命에 新氣가 鈙이 匣中에方出호는듯호야 其保守에 姑息혼念을 將호야 九霄雲 外로向호야 擲호는지라 噶蘇士가 此機會를 乘호야 全力을 揮호야 써 平生의 所志를 行호야 政革案을 擬혼 所草三十一件을 提出호니 溫和黨과 社會黨을 無論호고 極力 으로 贊成호니 其案件에 重要혼者는 如左호더라

噶蘇士傳

第一 匈牙利의 自治를 定호야 匈牙利의 國會에 對호야 一 責任政府를 創立홀事
　責任政府라호는者는 政府가 議會를 對호야 責任을 負호고 卽
　議會는, 시러금 人民을 代表호야써 政府의 功罪를 課宮이라

第二 貴族에 特權은 一切廢棄홀事

第三 封建制度의 餘習을 廓淸호야 土地로써 公有를 作호고 地主의 特權을 廢호야
　他人의 分利를 不爲호고 國家가 經費를 別簿호야 地主의 게 賠償호고 써 農民의
　完全혼 自由權을 保障케 홀事　按컨디 此가 中國古者에 田에 制와 頗히 相似호니 近世에 社會
　　　主義의 學者가 其 法理를 言홈이 苦詳호야 各國이 其美를 雖知호
　　나 然이나 事體가 茲 大흠으로 至今갓 實行혼者 1 未有호더라

第四 匈牙利의 權利를 十分保全케 홀事

第五 匈牙利는 國民軍을 自治홀事

第六 言論自由에 權利를 侵犯刃 不得홀事

第七 杜蘭斯哇省을 匈牙利國에 編入홀事
　按컨디 南非洲에 英으로 더부러 搆兵호던 國名과 同혼 省名이라

第八 租稅를 畸輕畸重홈을 不得호고 平分호야 써 國費를 負擔호기를 務홀事

第九 所得을 納稅호는 者는 所得혼 利益으로 成數를 政府에 納宮이라 撰擧의 權을 皆有홀事
　按컨디 所得을 納호는 者는 卽 人民이 歲入에

二十五

噶蘇士傳

法國二月의 革命이 特히 匈牙利에 만 影響이 有홀섄아니라 歐洲外國에 民政機運이 實로皆ㅣ此에 至ㅎ야 成熟ㅎ니 菩黎士堡國會에 決議ㅎ日은 쯔히 維也納市民에 倡義ㅎ時라民賊梅特涅이 가僅히身만 逃ㅎ고 國王의 良貝홈이 可히 名狀치못홀지라 此際를 丁ㅎ야 吾儕의 所敬ㅎ고 所愛ㅎ고 夢想ㅎ고 所崇拜ㅎ 던 絶代偉人 噶蘇士 가匈牙利國民의 總代資格으로 國會에 決議案 三十一件을 携ㅎ고 奧都에 赴ㅎ니

三月十三日에 噶蘇士 가維也納에 至ㅎ니 卽梅特涅의 奔逃호同日이라 奧都革命黨 이임의 內盡을憤ㅎ고 다시 外援을得홈의 額千歡呼ㅎ야 聲을可知ㅎ리로다 十五日 에 噶蘇士 가 額을 禮ㅎ눈者ㅣ 道에 不絶ㅎ고 噶蘇士萬歲의 聲이 天地를 震動ㅎ눈 듯ㅎ니 고其額을 禮ㅎ눈者ㅣ道에 不絶ㅎ고 噶蘇士萬歲의 聲이 天地를 震動ㅎ눈 듯ㅎ니 고 奧王이 慴々慄々ㅎ야 此偉人을 四面楚歌의 裡에 接見ㅎ고 且惻且羞의 語로 其議案 의 要領을 問ㅎ니 噶氏 가滔々호 雄辯으로 說明ㅎ이 慨切ㅎ니 奧王이 敢히 怒홀지언정 敢히 言치못ㅎ고 能히 奮홀지언정 能히 拒치못ㅎ야, 이에 其翌十六日에 悉報ㅎ야 曰可라ㅎ고, 또 噶氏의 推戴ㅎ눈바를 從ㅎ야 彼似得省代表人巴站伯爵으로써 ㅎ

二十六

牙利首相을爲ᄒᆞ야、ᄒᆞ야금政府를組織ᄒᆞ라ᄒᆞ니巴站이直受ᄒᆞ고新政府에職員 은奏報ᄒᆞ이如左ᄒᆞ더라

總理大臣伯爵　路易、巴站

戶部大臣　路易、嚠蘇士　內務大臣　巴達耶士、梅利

軍務大臣將軍　拉薩、美梭羅　司法大臣

　　　　　　　　　　　　　商務大臣　瓦波、格樓沙

工部大臣　伯爵士的英、沙志埃　文部大臣　男爵伊亞莎、亞多士

外部大臣　公爵坡兒、埃士達哈志
按컨디匈牙利가其時에獨立國이未爲ᄒᆞ얏 고此外部大臣은奧國과交涉ᄒᆞᆯ을爲ᄒᆞᆷ이라

是役也에溫和、急進兩黨에名士를網羅ᄒᆞ야沙志埃와嚠蘇士와狄渥의三傑이有 ᄒᆞᆷ으로所未有ᄒᆞᆫ盛業이러라臆噫라志가有 ᄒᆞ야堂에比肩ᄒᆞᆷ이盖匈牙利史가有ᄒᆞᆷ으로 未有ᄒᆞᆫ盛業이러라臆噫라志가有 事가竟成ᄒᆞ니國民이되야맛당히如是치아니ᄒᆞ랴大丈夫가되야맛당히 是치아니ᄒᆞ랴

雖然이나此政府ᄂᆞᆫ匈牙利가自治精神을回復ᄒᆞᄂᆞᆫᄃᆡ不過ᄒᆞᆯᄲᅮᆫ이오匈牙利가奧國 王의麾下에在ᄒᆞᆷ은如故ᄒᆞ지라奧王이其王族士的伯爵
沙志埃로더부러同 爵同名ᄒᆞᆫ者ㅣ라 을匈牙利總督

을合야國王의權利義務를代表홈은如故호더라

四月十一日은國會散會예期日이라王이다시普黎士堡에親臨호야馬哥耶語로써
匈牙利의多數훈人民의所用호는語로散會의勅語를新政府大臣列席훈前에서述호니國民이多年에宿望
을旣達홈이思亂호는心이또호稍熄호더라

第八節 匈國의內亂과及原因

奧王으로호야곰民族의趨勢를審호고輿情의順潮를因호야自玆以往으로君民이
一心호야匈國運進步호기를圖호고즉匈民에게福만될섇아니오亦帝室에無疆호幸福이어
놀王의匈牙利自治權을許홈이其本心에出홈이아니오維也納革命黨이內外夾擊
호는터로迫호야此로以호야眉睫間에禍를緩코저홈이러니未幾에本國革命黨이
임의鎭撫를被호肘下에毒蛇가方去홈이心中鬼蜮이旋生호야、드듸여其機智
를復運호야匈牙利新政府를顚覆홀術이如何홈을思호니蓋匈牙利에最大호缺
點이許多호되異族에人民을合호야써國을成호야統一혼비無홈이、곳是러라其概
를試擧홀진딕

匈牙利國民總數가 一四,六五五,四七四 內馬哥耶人 五,〇〇〇,〇〇〇

華拉焦人 一,三三一,七三四〇 撒遜人 一,四二二,一六八

士域羅人 二,二二〇,〇〇〇 盧善人 三五〇,〇〇〇

活德人 五〇〇,〇〇〇 格羅人 一,二五二,九六六

塞爾維亞人 九四三,〇〇〇 蘇格拉和尼亞人 一,〇〇〇,〇〇〇

然則匈牙利人口가 一千四百六十五萬의 中에 馬哥耶人이 비록 最多數를 占호얏스나 이나 强호는者는 三分一에 不過호고 其他 三分의 二는 弱호야 蓋異種으로 自호야 成立호려라 奧王이 此政府가 馬哥耶人에 建設혼바가 爲홈을 利用호야 此諸異種을 煽動호야 其內로 自호야 戕호기를 謀호야 敗類에 報舘主筆某라 호는者ㅣ有호니 格羅人이라 奧都維也納에 旅居호야 奧政府에 鼻息을 承호야 格羅士亞省에 竊往호야 格蘭人을 誘說호야 匈牙利政府를 叛케호야 曰 一匈牙利者는 匈牙利人의 匈牙利 오 馬哥耶人의 匈牙利가 아니라 今에 馬哥耶 一族이 其焰을 張호야 其國會에 在호나 公 等의 所用호라 丁語를 廢호고 馬哥耶語를 代用호고 其施設혼바가 오작 馬哥耶人의

噶蘇士傳

利를 是視ᄒᆞ니 彼의 强흠은 吾儕의 强흠이라 公等은 格羅의 好男兒로서 馬哥耶人의 新政府下에 屈服ᄒᆞ기를엇지 甘受ᄒᆞᄂᆞᆫ고 獨立ᄒᆞ고 來ᄒᆞᆯ지여 獨立ᄒᆞ고 來ᄒᆞᆯ지여 馬哥耶人도 能히 匈牙利政府가 立지못ᄒᆞᄂᆞᆫ가」 嘻라 此에 非ᄒᆞ고 似是ᄒᆞᆫ 語가 實로 能히 格羅人의 聽者를 濟케ᄒᆞ더니 果然 全省이 靡然히 其說에 感ᄒᆞ야 反叛ᄒᆞᆫ 旗가 忽起ᄒᆞ니 時ᄂᆞᆫ 五月中旬이니 新政府의 成立흠을 距ᄒᆞᆫ면 兩月이 未至ᄒᆞᆷ더라

六月上旬에 塞爾維亞人이、 다시省會를 開ᄒᆞ고 同種人九十四万을 合ᄒᆞ야 新政府를 抗ᄒᆞ고 坐宣言ᄒᆞ되 自茲以往으로 馬哥耶人을 視ᄒᆞ기를 公敵을 삼ᄂᆞᆫ다 ᄒᆞ야 馬哥耶人이 格羅士亞와 塞爾亞兩省에 居ᄒᆞᆫ者ᅵ 無端히 襲擊을 過ᄒᆞ야 廬舍도 焚ᄒᆞ고 婦女도 姦ᄒᆞ야 殘酷흠이 始히 人理가 無ᄒᆞᆫ지라 新政府가 亂耗를 聞ᄒᆞ고 兵을 塞維亞省에 先遣ᄒᆞ야 平치못ᄒᆞᆯ새 警報가 續至ᄒᆞ야 日 庇納省도 叛ᄒᆞ얏다ᄒᆞ고 杜蘭斯哇省도 叛ᄒᆞ얏고 蘇格拉和尼亞人도 叛ᄒᆞ다ᄒᆞ얏고 南方及西方諸州가 悉叛ᄒᆞ얏다 ᄒᆞ니 新政府가 一面으로 鎭撫의 兵을 四方에 派ᄒᆞ고 一面으로 實情을 擧ᄒᆞ야 奧政府ᄋᆡ 通報ᄒᆞ니

三十

噶蘇士傳

奧政府가匈人의中計홈을喜ᄒᆞ야倘히機會가成熟지못홈으로써叛民이可嫉ᄒᆞ다
楊言ᄒᆞ고匈政府를必助홈을聲稱ᄒᆞ고埃拉志男爵을特派ᄒᆞ야兵을率ᄒᆞ고格羅士
亞를向ᄒᆞ야力을協ᄒᆞ고剿를助ᄒᆞ것갓치ᄒᆞ니埃拉志라ᄒᆞ는者는格羅士亞의産
으로前者伊太利役에曾히格兵을率ᄒᆞ고戰功을立ᄒᆞ든者ㅣ라奧政府가彼를遣
ᄒᆞ야써叛民을鎭撫홈은爲名ᄒᆞ나實인즉叛民을饋ᄒᆞ는一首領이러라故로其將達
格羅士亞也ㅣ가格人이滿腔의親厚호情으로歡迎ᄒᆞ야會를直開ᄒᆞ고格羅士亞
가獨立호다宣言ᄒᆞ고埃拉志를推ᄒᆞ야統將을合으되埃拉志가亦受ᄒᆞ고難色이無
ᄒᆞ지라匈政府가此報를得ᄒᆞ고大驚ᄒᆞ야奧政府에告ᄒᆞ고詰責ᄒᆞ니奧政府가空
言으로愚者가아니라奧政府의同兩호情狀을明知홈이ㄴ雖然이나彼가顯然히相仇치아니ᄒᆞ는것갓치可
ᄒᆞ人은愚者가아니라奧政府의同兩호情狀을明知홈이ㄴ雖然이나彼가顯然히相仇치아니ᄒᆞ는것갓치可
에後援을爲홈이明甚홈을識ᄒᆞ고ㄴ雖然이나彼가顯然히相仇치아니ᄒᆞ는것갓치我가可
진실로公然히爲敵치못ᄒᆞ고新政府ㅣ이에奧王을七月로彼斯得省의匈牙利國
會에臨幸ᄒᆞ야新政府贊助ᄒᆞ야實心을ᄒᆞ야금明言케ᄒᆞ며叛黨을맛당히鎭壓ᄒᆞ理由

三十一

를 說明케 ᄒᆞ니 此案은 實로 國王에 對ᄒᆞ야 試驗的 要求러라 果然 奧王이 竟히 不答에 置ᄒᆞ야 未幾에 國會의 召集홀 期가 至홈이 七月 五日은 實로 維新 斯府가 治下 國會 第一次 開會홀 期라 戶部大臣 噶蘇士가 兵士 二十万을 徵募ᄒᆞ기를 提議ᄒᆞ니 豫算軍備가 四千二百万 佛郞이러라

奧政府ㅣ 此案을 沮코저 ᄒᆞ야 開會홀 日에 所謂 奧王을 代表ᄒᆞᆫ 士的英總督이 祝辭를 演述ᄒᆞ야 曖昧模核ᄒᆞᆫ 口로ᄡᅥ 叛黨이 無理홈이라 음을 絃言ᄒᆞ고 新政府의 處理ᄒᆞᆯ 失을 諷ᄒᆞ니 其詞令의 妙홈이 可驚홀者ㅣ 有ᄒᆞ니 奧政府의 處心積慮ᄒᆞ야 ᄡᅥ 政府를 催滅홈이 今日에 在ᄒᆞ더라

噶蘇士가 演壇에 登ᄒᆞ야 善ᄒᆞᆫ 熱誠과 其雄辯으로 聽衆의 耳鼓를 激盪ᄒᆞ며 其胸筋을 吸引ᄒᆞ야 是日에 其胸中에 萬斛愛國의 熱血을 傾注ᄒᆞ야 ᄡᅥ 牙利國情과 叛黨의 性質에 其原因과 結果를 詳說ᄒᆞ야 慷慨淋漓ᄒᆞ야 聲淚俱下ᄒᆞ니 其畧에 曰

諸君, 諸君이여 余가 수에 兵士二十萬과 軍費를 公等의 게 乞ᄒᆞ노니 公等이 此事로ᄡᅥ 政府의 私事라 ᄒᆞᄂᆞᆫ가 此案의 可決 否決로ᄡᅥ 政府의 信任 不信任을 證ᄒᆞᄂᆞᆫ

噶蘇士傳

나 按컨딕 政府의 提議ᄒᆞᄂᆞᆫ案이 議院에셔 否決ᄒᆞᄂᆞᆫ者ᄂᆞᆫ 政府가 人民의 게신
任을 見치 아니ᄒᆞᄂᆞᆫ證이니 則政府가 當히 辭職ᄒᆞᆯ이니 此ᄂᆞᆫ 立憲國의 通例라
此ᄂᆞᆫ 大謬ᄒᆞ고 不然ᄒᆞᆯ이 證로 이ᄂᆞᆫ 實노 匈牙利國을 維持ᄒᆞᄂᆞᆫ 不二法門이오 我
國民의 生死問題라 諸君이 만일 自由를 愛ᄒᆞᄂᆞᆫ냐 請컨딕 忍耐ᄒᆞ야 此內難을 削平
ᄒᆞ기를 待ᄒᆞ면 我輩及子孫이 永히 獨立의 天地에 生息ᄒᆞ기를 永得ᄒᆞ리니 其成也
ㅣ 今日에 在ᄒᆞ고 其敗也ㅣ 도 今日에 在ᄒᆞ고 其生也ㅣ도 諸君에 在ᄒᆞ고 其死也
ㅣ도 諸君에 在ᄒᆞ노니 其才ᄒᆞ야 委托을 承受ᄒᆞ얏ᄂᆞ니 今日에 此案을, 우리 有血性
有榮譽ᄒᆞᆫ 匈牙利國民의 前에 提出ᄒᆞ노니 諸君乎여 其高尙ᄒᆞ고 純潔
ᄒᆞ고 愛國心을 各出ᄒᆞ야 世界에 立ᄒᆞ면 某가 敢히 斷言ᄒᆞ되 地獄에 恒河沙數갓튼
魔鬼가, 비록 來相協襲ᄒᆞᆯ지라도 匈牙利를 如何ᄒᆞ리 無ᄒᆞ다ᄒᆞ노라
噶蘇士가 此演說을 爲ᄒᆞᄆᆡ 四百議員이 枝를 啣ᄒᆞ고 諱가 無ᄒᆞ야 耳를 傾ᄒᆞ고 悚息ᄒᆞ
야 써 傾聽치 아니ᄒᆞᆫ者ㅣ無ᄒᆞ니 演說이 方畢ᄒᆞᄆᆡ 贊成의 聲이 四座에 忽起ᄒᆞ야「自
由를 아니ᄒᆞ면 寧히 死ᄒᆞ다」疾呼ᄒᆞᆯ者도 有ᄒᆞ고 國이 可히 亡ᄒᆞᆯ지언정 可히 辱지 아니

三十三

훈다는者도有ᄒᆞ야」如此훈重大훈案이竟히滿場一致ᄒᆞ야匈牙利萬歲ᄉᆞᄉᆞ萬歲의聲아天地를震動ᄒᆞ니奧總督의窮鬼極蜮의祝辭가經毫의效가卒無ᄒᆞ야民賊士的英이가目을瞠ᄒᆞ고舌을結ᄒᆞ고退ᄒᆞ더라雖然이나案이비록可決ᄒᆞ얏스나但國王의裁可를必結ᄒᆞ여야可히能히, 비로소施行홀지라, 이에首相巴站과法相狄渥이此議案을齎ᄒᆞ고維也納에至ᄒᆞ니奧王이初에눈國會가此案을賛홈을不意ᄒᆞ얏더니至今에多方으로推托ᄒᆞ고畫諾지아니ᄒᆞ고巴站을命ᄒᆞ야埃拉志와協議ᄒᆞ라ᄒᆞ니巴站이가王命으로써埃拉志를訪ᄒᆞ者ㅣ三四度로딕埃拉志가, 오작堅持ᄒᆞ고匈牙利新政府를破ᄒᆞ고仍ᄒᆞ야奧政府에轄훌協議를從ᄒᆞ라ᄒᆞ니協商이이믜就緒치못ᄒᆞ미埃氏가兵備를盛修ᄒᆞ야將히大擧ᄒᆞ야써彼斯得省을襲코져ᄒᆞ니巴站이不得已ᄒᆞ야國王을다시面謁ᄒᆞ고勅裁를賜ᄒᆞ시기를講ᄒᆞ니時에奧國이奧屬意大利의民黨을新히戡定ᄒᆞ니奧王이報를得ᄒᆞ고趾가高ᄒᆞ고氣가揚ᄒᆞ야匈牙利人을謂ᄒᆞ되足히恐홀것이無喜다ᄒᆞ야, 이에數月內에假面目을脫去ᄒᆞ고斷然히宣告ᄒᆞ야謂ᄒᆞ되國會에議決훈바軍案을增훌것은能히裁可치못ᄒᆞ리라ᄒᆞ니

巴站과 狄渥이 憤然히 返호야더니 九月二日에 埃拉志의 軍이 積黎夫河를 渡호야 彼 斯得을 將襲호다 눈 報를 復得호고 至險至艱호 現象이 齒來齒去호나 愈히 危難홀 슈 록 氣가 愈盛호것은 匈牙利의 特性이라 決々호 千餘年獨立의 國民이엇지 敵人의 喜 怒를 隨호야써 勇怯홀者ㅣ有호리오 普天下의 血性男子ㅣ目을 拭호고 臨蘇 士와 國民의、 써 此大難을 當호 所以에 如何홈을 觀홀지어다

第九節 匈奧開戰及匈牙利의 獨立

匈牙利의 文明을 先導호 沙志埃伯이 임의 就任호야 工部大臣이 되미 未幾에 諸路의 警報가 續到호야 新政府의 前途가 日로써 岌々홈이 痛心홈이 極호야 發狂에 逢至호 니 溫和黨이 狄渥을 乃擧호야 首領을 숨으니 老成호고 坐彫謝호고 坐弱호 一介라 至 是에 匈牙利의 運命이 臨蘇士의 仔肩에 全在호더라

奧王의 所派호 的士英이 衆怒의 難犯홈을 視호고 大禍가 其身에 及홀실恐호야 蒼黃 히 維也納을 遁歸호야 慚憤홈을 不勝호야、 이에 德國으로 更走호니 奧王이 伯爵廉 伯을 別派호야 匈牙利軍務總督을 숨으니 特히 兵馬만 都督홀뿐아니라、 坐國王의

代表가 되야 專制로써 全혀 政務를, ᄒᆞ야 금籍束케ᄒᆞ니 九月二十五日로써 彼士得
에 就任ᄒᆞ니 伊牙利國會가 聞之ᄒᆞ니 其授任홈이 法을 遵홈으로써 議를 決ᄒᆞ고 納지
아니ᄒᆞ고 四方에 檄을 傳ᄒᆞ야 義勇兵을 募ᄒᆞ니 擧國이 憤懣ᄒᆞ야 皆물裂ᄒᆞ야 써 維也
納을 睨치 아니ᄒᆞᆫ者ㅣ 無ᄒᆞ더니 廉伯이 二十八日로써 騎從ᄒᆞ야 彼斯得附近의 長橋
에 抵ᄒᆞ니 小民이 激昻ᄒᆞᆫ餘에, 드듸여 車를 擁ᄒᆞ고 撲殺ᄒᆞ니 伊奧의 決裂ᄒᆞᆫ 實象이
更著ᄒᆞ더라

首相巴站은 謹厚君子라, 오히려 調和의 意를 表코져 ᄒᆞ야 表를 上ᄒᆞ고 쏨를 引ᄒᆞ야
써 都督을 慘殺ᄒᆞᆫ 案件이 政府가 其責任을 引ᄒᆞ야 얏다 ᄒᆞ야 請컨대 總히 辭職ᄒᆞ고 護國
委員을 別設ᄒᆞ니 閻蘇士가 委員長을 被選ᄒᆞ민 閻氏가 責任이 더옥 重大ᄒᆞᆫ지라 格蘭
士亞의 叛將沙拉志가 巴站政府의 解散ᄒᆞᆷ을 聞ᄒᆞ야 써 布打城에 臨ᄒᆞ야 城을 二十五英里의 地물距ᄒᆞ
月二十日에 格蘭兵四萬을 率ᄒᆞ야 써 布打城에 臨ᄒᆞ야 城을 二十五英里의 地물距ᄒᆞ
야 屯ᄒᆞ니 閻蘇士가 伊牙利將軍 摩加를 命ᄒᆞ야 兵五千을 將ᄒᆞ고 拒ᄒᆞ니 兩軍이 設格
省의 威耶에서 逆戰ᄒᆞ야 馬加耶의 一로서 十을 當치 아니ᄒᆞ야 五千怒卒로써

噶蘇士傳

四萬格蘭人을敗ᄒᆞ니埃拉志가擒읗幾被ᄒᆞ야遞히和를僞請ᄒᆞ야三日休戰ᄒᆞ을乞ᄒᆞ고隙을乘ᄒᆞ야維也納으로遁歸ᄒᆞ다

奧王이叛徒라ᄒᆞ고赫然히震怒ᄒᆞ야、目ᄒᆞ야叛徒라ᄒᆞ니其第一條에云ᄒᆞ되能히主權을行ᄒᆞ야ᄶᅥ牙利國會를解散ᄒᆞ리니現에開會中에雖在ᄒᆞ나即閉홈이宜ᄒᆞ다ᄒᆞ고第二條에云ᄒᆞ되法令은朕의裁可를不經ᄒᆞ며國會의決議를雖經홀지라도一切히行用을許치아니ᄒᆞᆫ다ᄒᆞ고第三條에云ᄒᆞ되今에埃拉志를命ᄒᆞ야ᄶᅥ牙利의都督元帥를爲ᄒᆞ니ᄶᅥ牙利國에一切常備兵과義勇兵은節制에皆歸케ᄒᆞ고第四條에云ᄒᆞ되便宜히行事ᄒᆞᆫ다ᄒᆞ니前은軍令으로詔勅이라謂ᄒᆞᆯ지라도實은一切히埃拉志를由ᄒᆞ야ᄶᅥ牙利國內亂未定ᄒᆞ기以文이名은宣戰書를下홈이러라噶蘇士가이로ᄡᅥ其國을統治ᄒᆞ야一切를宣戰書를下홈이러라噶蘇士가身으로ᄡᅥ國의安危를繫홈이未平ᄒᆞ고大敵을復遇ᄒᆞ니危平ᄒᆞ며恐哉여國委員長이何로ᄡᅥ勁草가勁風에怯ᄒᆞ며芥芥ᄒᆞᆫ神鷹이엇지凡鳥에損威ᄒᆞ리오願컨데讀者로더부러踵을企ᄒᆞ고目을拭ᄒᆞ며愛國偉人에

三十七

噶蘇士傳   三十八

經畧이何如홈을觀ᄒᆞ리라
噶蘇士가奧政府宣戰홈을見ᄒᆞ고聲色을動치아니ᄒᆞ고、ᄡᅥ敵의來홈을待홈보
다寧히先發ᄒᆞ야人을制홈만갓지못ᄒᆞ다ᄒᆞ야決議코維也納을進攻코져ᄒᆞ야四方
에檄을傳ᄒᆞ고義勇을廣募ᄒᆞ야心을悉ᄒᆞ야訓鍊ᄒᆞ고夜로ᄡᅥ日을繼ᄒᆞ야其熱誠을
注ᄒᆞ고其雄辯을竭ᄒᆞ야ᄡᅥ士氣를振作케ᄒᆞ고彼가常히軍中에演說ᄒᆞ야曰
嗚呼라軍士여兩道가此에有ᄒᆞ니汝等은自擇홀지어다其一인즉從容ᄒᆞ고安逸
ᄒᆞ게家에歸ᄒᆞ야ᄡᅥ妻孥를對ᄒᆞ고其二인즉危險과苦辛에身을獻ᄒᆞ야ᄡᅥ湯火를
蹈홈이是니湯火를蹈ᄒᆞᄂᆞᆫ道ᄂᆞᆫ汝等도知ᄒᆞ고吾도亦知ᄒᆞᄂᆞᆫ비라雖然이나是
我等이國家에對ᄒᆞᆯ義務니何를從ᄒᆞ고何를去홈은汝에在ᄒᆞ고吾ᄂᆞᆫ無强홈
이니吾ᄂᆞᆫ進홈이여進홈이여嗚呼라我馬哥耶人이自由二字를擁ᄒᆞ야ᄡᅥ四面의
腥風과血雨의中에立ᄒᆞ니國으로與ᄒᆞ야生死를同히願ᄒᆞᄂᆞᆫ者ᄂᆞᆫ請컨대我를從
ᄒᆞ야來ᄒᆞ라
兵士가此演說을聽홈이自由치아니ᄒᆞ면寧히死홈만不如ᄒᆞ다ᄒᆞ야慷慨히爭赴ᄒᆞ

噶蘇士傳

야敵에前호지아니호는者ㅣ無호야方히彼斯得省에出호야普黎士堡에至호니兵一萬二千이有호고大礮三十門이有호야十月二十四日에巴梭得에進次호니各地에서義를赴호야來集호는者ㅣ三萬에驟至호는지라二十七日에國會에議決로써將軍古魯加를命호야摩加舊部兵二萬五千으로隔軍과合호야率호고境을越호야奧를伐호니라

奧王이其子榮沼格輅로호야금埃拉志로더부러奧兵七萬을共率호고迎戰호니二十八日薄暮에匈兵이非西亞河에渡호야大小十數戰을接호니匈勝負가互有호니二月에奧王이倦勤호故로써其位를其姪新王의게讓호니王의年이僅十八이라匈

牙利議會에셔直히決議호야認치아니호다

十二月十五日에奧軍이海갓고潮갓흔勢로써匈牙利를壓호니其大將王子榮沼格輅이兵을善用호야將古魯家ㅣ屢敗호는지라奧軍이布拉彼斯得省을遂迫호니擾擾호風雲에歲律이云暮호다一千八百四十九年一月一日에護國委員이會議를彼斯得省에開호니僉衆이謂호디存亡이危急호니可히敵鋒을暫避치아니차못

三十九

噶蘇士傳

ᄒᆞ다 ᄒᆞ야 都를 的布黎省에 遷ᄒᆞ기로 決議ᄒᆞ고 古魯家가 先히 敵을 北方으로 誘ᄒᆞ고
兵二萬을 率ᄒᆞ고 彼斯得北郊에 出ᄒᆞ니 榮沼格幹이 急히 尾追ᄒᆞ야 二月六日에 的布
黎에 遂達ᄒᆞ니 爾後에 數回 交戰에 눈勝敗가 互有ᄒᆞ니라
走ᄒᆞ니 於是에 噶蘇士及新政府에 文武百官이 的奴河에 遂出ᄒᆞ야

三月四日에 奧王이 噶蘇士의 黨을 憎ᄒᆞ는 故로 써 令을 遂下ᄒᆞ야 金牛憲章을 廢ᄒᆞ고
俄羅斯에 通歎ᄒᆞ야 俄兵一萬五千을 借ᄒᆞ야 應援을 合아 和拉的亞方으로 自ᄒᆞ야
來襲ᄒᆞ니 噶蘇士가 報를 聞ᄒᆞ고 將軍俾諜를 遣ᄒᆞ야 兵一萬으로 써 防ᄒᆞ니 激戰이 山岳
數次에 向ᄒᆞ는지라 비功이 有ᄒᆞ는지라 三月六日 捷書가 的黎省에 達ᄒᆞ니 懽聲이 山岳
을 動ᄒᆞ는지라 於是에 勢를 勝ᄒᆞ야 舊都를 恢復ᄒᆞ기를 議ᄒᆞ야 格拉布加와 達米亞匪
과 和列 等을 使ᄒᆞ야 四月一日로 써 軍을 進ᄒᆞ야 台比岳河畔에 進ᄒᆞ야 榮沼格ᄯᅥ이 布打
埃拉志를 破ᄒᆞ고 六日에 榮沼格幹의 軍으로 與ᄒᆞ야 合戰大破ᄒᆞ니 爭逃ᄒᆞ는지라 捕
城으로 遁入ᄒᆞ니 古魯家ㅣ 兵을 維善에 出ᄒᆞ니 敵軍이 風을 望ᄒᆞ고
虜八百을 遂獲ᄒᆞ고 大砲七門을 鹵獲ᄒᆞ니 噶蘇士가 各地에 捷報를 連得ᄒᆞ고 古魯家

四十

將軍으로 與ᄒᆞ야 相抱ᄒᆞ고 祝ᄒᆞ야 軍前에 酒淚ᄒᆞ야 曰
是皆 將軍의 賜ᄒᆞᆷ비라ᄒᆞ니 古魯家ㅣ 또ᄒᆞᆫ 感泣ᄒᆞ야 曰 某ㅣ 엇지 足히 此를 當ᄒᆞ리오
皆護國委員長의 力이라ᄒᆞ더라 噶蘇士ㅣ 此 風潮를 乘ᄒᆞ야, 곳 匈牙利의 獨立으로
ᄡᅥ 天下에 佈告ᄒᆞᆫ다
一千八百四十九年四月十四日에 全國代議士와 菩黎城 耶蘇敎堂에 集ᄒᆞ야 最莊嚴
ᄒᆞᆫ 禮를 依ᄒᆞ야 玆典을 擧行ᄒᆞᆯᄉᆡ 噶蘇士가 護國委員長의 資格으로 獨立을 宣言ᄒᆞ야
曰
法律로 織成ᄒᆞᆫ 匈牙利國은 今에, 우리 匈牙利國의 獨立權利의 事로ᄡᅥ 敢히 天下
에 告ᄒᆞ노니
우리 匈牙利ᄂᆞᆫ 千年 文明의 國으로 天地에 立ᄒᆞ야 憲法을 肇佈ᄒᆞ야 萬國에 冠ᄒᆞᆷ이
되고 文物이 彬彬ᄒᆞ야 歷史에 有光ᄒᆞ더니 三百年 前에 國亂의 故를 因ᄒᆞ야 奧大利國
의 盜竊ᄒᆞᆷ비되야 我等의 敬愛ᄒᆞ든바 祖先이 비록 一日이라도 祖國을 忘치 아니ᄒᆞ야
事機가 不就ᄒᆞᆷ비야 所懷와 未如ᄒᆞ야고 奧의 前王도 輿論에 亦憚ᄒᆞ야 煦煦의 術을 時加

噶蘇士傳

四十一

噶蘇士傳

ᄒᆞ니 我同胞는 和平을 重히 ᄒᆞ고 破壞를 懼ᄒᆞ야 甚히, 더부러 爲難처 아니 ᄒᆞ얏더니 比年以來로 奧政府가 强權을 濫用ᄒᆞ야 我의 憲法을 蹂躪ᄒᆞ고 我의 膏血을 唆削ᄒᆞ고 我의 工業을 處劉ᄒᆞ고 我의 人民을 奴視ᄒᆞ니 是以로 新政府의 立法이 有ᄒᆞ니 奧王의 形勢 屈ᄒᆞ믈 見ᄒᆞ고 應命을 僞爲ᄒᆞ고 禍心을 包藏ᄒᆞ야 我의 都鄙를 煽動ᄒᆞ고 我의 人民을 陷溺ᄒᆞ야 我의 孟賊을 率ᄒᆞ야ᄡᅥ 我의 國家를 動搖ᄒᆞ기를 謀ᄒᆞ니 我ㅣ 三百餘年 關係에 深切ᄒᆞᆷ으로 貳心이 靡有ᄒᆞ야 內亂의 不易과 民命의 多艱으로ᄡᅥ 政府를 解散ᄒᆞ고 奧國에 加盟이 蔑이 ᄒᆞ지라 奧ㅣ 猶히 不慳ᄒᆞ야 我의 國憲을 廢ᄒᆞ고 我의 民兵을 夷ᄒᆞ야 埃拉志라 ᄒᆞ는 者는 我의 仇讐오 奧의 間諜이라 總督을 使爲ᄒᆞ야 我의 堂闥에 入ᄒᆞ야 我의 國民을 擇噬ᄒᆞ니, 우리 匈牙利의 人은 公理를 達히 ᄒᆞ고 和平을 重히 ᄒᆞ야 上을 犯ᄒᆞ고 亂을 作ᄒᆞ야 生靈을 塗炭ᄒᆞ기를 好爲ᄒᆞ는 者 ㅣ 아니라 三百年來에 異種의 縛軛ᄒᆞᆫ 下에 呻吟ᄒᆞ고 民賊 虐政의 中에 憔悴ᄒᆞ야 曰此를 忍홀진뎐 旣히 忍홀지라 今則 忍ᄒᆞ야도 可히 忍홀것이 無ᄒᆞ고 待ᄒᆞ야도 可히 待홀것이 無ᄒᆞ야 萬不得已ᄒᆞᆷ으로 此獨立의 宣言ᄒᆞᆷ에 至ᄒᆞ 이 無ᄒᆞ고 待ᄒᆞ야도 可히 待홀것이

喝蘇士傳

니 上으로는 上天아 有ᄒᆞ시고 下으로는 百靈이 有ᄒᆞ고 外로는
萬國이 有ᄒᆞ야 實로 共鑒ᄒᆞᆯ지어다　謹히 次議四條를 布讀홈이 如下ᄒᆞ니라
　第一 匈牙利國은 自今以往으로 自由獨立의 國이 되고
　第二 奧國朝延이 匈牙利에 對ᄒᆞ야 罪가 容數치 못ᄒᆞ니 自今以往으로 排ᄒᆞ고 斥ᄒᆞ야 永히 關係를 絕케ᄒᆞ고
　第三 匈牙利國은 歐洲諸鄰國으로더부러 講信修睦ᄒᆞ야 一히 公法을 循ᄒᆞ고
　第四 獨立호 後로 新政府를 粗職ᄒᆞ야 其方案은 一切히 國會에 決議를 由ᄒᆞ야 委任
ᄒᆞ이라
　此報告ㅣ 旣히 發布ᄒᆞᆷ민 國中에 傳播ᄒᆞ니 萬歲를 讙呼ᄒᆞᄂᆞᆫ 聲이 耳에 盈ᄒᆞ야 洋溢ᄒᆞ고 第四條에 所定호 新政府의 事를 國會의 委任을 卽由ᄒᆞ야 噶蘇士를 選ᄒᆞ야 匈牙利 大統領이 되다
　　第十節　布打城의 克復及兩雄의 衝突
奧政府ㅣ 此敗報를 接ᄒᆞ고 且羞且憤ᄒᆞ야 一面으로 大軍을 匈牙利에 派ᄒᆞ고 一面으로

四十三

俄廷에 重賂ᄒᆞ야 師물乞ᄒᆞ야 勸율助ᄒᆞ니 俄皇이 因ᄒᆞ야 爲利ᄒᆞ야 兵十三萬을 發ᄒᆞ야 奧軍三十萬으로더부러 聯合ᄒᆞ야 匈牙利ᄅᆞᆯ蹂躪ᄒᆞᆯ計ᄅᆞᆯ 爲ᄒᆞ야더니 噶蘇士가 外로ᄂᆞᆫ 大敵을當ᄒᆞ고 內로ᄂᆞᆫ 已力을察ᄒᆞᆫᄌᆞᆨ 訓鍊을未經ᄒᆞᆫ 義勇十三萬五千人과 大礮小鎗이 合計ᄒᆞ야 面四百에 不過ᄒᆞ지마ᄂᆞᆫ 彼가 曾히 撓屈치 아니ᄒᆞ고 諸將을 激勵ᄒᆞ야 死로ᄡᅥ 國을 報코져ᄒᆞ니 古魯家의 軍이 竟히 五月二十日로 布打城을 克復ᄒᆞ니 噶蘇士의 喜가 可知ᄒᆞ더라

이에 國會에 次議로ᄡᅥ 一國民에 公電을 軍中에 發ᄒᆞ야 ᄡᅥ感情을 表ᄒᆞ니 士氣가 百倍 ᄅᆞᆯ縣增ᄒᆞᄂᆞᆫ지라 噶蘇士가 諸將으로 더부러 兵機ᄅᆞᆯ 協贊ᄒᆞ야 其決定ᄒᆞᆫ 案件이 如左ᄒᆞ니

一、丹邊士奇將軍으로 ᄒᆞ야금 上部匈牙利에 赴ᄒᆞ야ᄡᅥ 俄軍을防ᄒᆞ게ᄒᆞ고

一、威達將軍으로 ᄒᆞ야금 達細夫河畔의 巴士卡地方에 屯ᄒᆞ야 南方에 雄鎭을合고

一、比讃將軍으로 ᄒᆞ야금 杜蘭斯哇省으로ᄒᆞ야금 一旅ᄅᆞᆯ提ᄒᆞ야ᄡᅥ 和拉志亞의

噶蘇士傳

叛徒를 鎭勤ᄒᆞ고

一、 豫備兵을 更爲ᄒᆞ야 査 阿諾地方에 屯防ᄒᆞ고

一、 格拉布加將軍으로 陸軍大臣을 任ᄒᆞ者ㅣ라 彼가 此 重職을 舍ᄒᆞ고 敵에 前ᄒᆞᄂᆞᆫ 一將을 願ᄒᆞ니 愛國의 誠을 可見홀지라 未幾에 比謨 及 丹邊士奇의 捷報가 絡繹ᄒᆞ니 噶蘇士가, 이에 布打로 還都ᄒᆞ기를 決議ᄒᆞ야 古舊家로써 格拉布加를 繼ᄒᆞ야 陸軍大臣 兼 軍務總督을 任ᄒᆞ니 時ᄂᆞᆫ 六月 七日이러라

是時를 當ᄒᆞ야 匈牙利 聲名이 五洲에 洋溢ᄒᆞ야 獨立과 滅亡ᄒᆞ機가 一髮을 爭ᄒᆞᄂᆞᆫ지라 彼 古魯家ᄂᆞᆫ 一世의 名將이오 噶蘇士ᄂᆞᆫ 曠代의 英雄이라 此二人은 軍의 兩輪과 鳥의 雙翼과 如ᄒᆞ야 匈牙利 千餘萬 生靈이 齊히 命을 托ᄒᆞᆷ이라 ᄒᆞ야 금 始終을 一心ᄒᆞ야 互相히 提携ᄒᆞ얏스면 國의 前途가 泱泱히 未艾홀 것이어ᄂᆞᆯ 昊天이 不弔ᄒᆞ야 日을 當ᄒᆞ야 忽然히 龍이 跳ᄒᆞ고 虎가 鬪ᄒᆞᄂᆞᆫ 內亂 이 相爭ᄒᆞ야 此 暴風橫雨가 交集ᄒᆞᆯ 日을 當ᄒᆞ야 讀史ᄒᆞ다가 至此ᄒᆞ야 誰ㅣ 能히 頓足痛哭ᄒᆞ야 匈牙利의 形이 有ᄒᆞᆯ 쥬를 何圖ᄒᆞ리오

國民을爲ᄒᆞ야千古의遺恨을飮치아니ᄒᆞ리오
布打城이旣히克復ᄒᆞᄆᆡ奧俄兩軍이奮戰ᄒᆞᆷ이益力ᄒᆞ니 衆寡懸絶이亦已太甚ᄒᆞ지
라此一髮千鈞의形勢ᄂᆞᆫ噶蘇士ㅣ古魯로더부러戰守의機宜를議
論ᄒᆞᆯᄉᆡ意見이每히相合지못ᄒᆞ며前陸軍大臣格拉布加及諸將校ᄂᆞᆫ噶蘇士의策을
多祖ᄒᆞ나雖然이나古魯家ᄂᆞᆫ勞苦工商흠을自負ᄒᆞ고驕盈이殊甚ᄒᆞ야 飯히冷笑ᄒᆞ
고揚言ᄒᆞ야曰外交와政畧과演說과辯才ᄂᆞᆫ吾ㅣ噶蘇士만不如ᄒᆞ나 疆塲의事ᄂᆞᆫ乃
公의方寸에成算가歷有ᄒᆞ니他人의能히容喙ᄒᆞᆯ바아니라ᄒᆞ니 噶氏如何ᄒᆞᆷ이無ᄒᆞ
더라交綏가屢有ᄒᆞ나挫敗를輒見ᄒᆞ되古魯家에自負ᄒᆞᆫ바者ᄂᆞᆫ竟히 其言을能踐치
못ᄒᆞ니於是에 噶蘇士가軍國大計가可히一誤再誤치못ᄒᆞ리라ᄒᆞ야 其統領의權을
欲用ᄒᆞ야 懷抱ᄒᆞᆫ바軍畧을實行ᄒᆞ야急히古魯家에傳令ᄒᆞ야北部軍隊를調ᄒᆞ야
彛士河畔에集ᄒᆞ야維也納都城을直擣ᄒᆞ야攻勢를作ᄒᆞ라ᄒᆞ야其策
으로ᄒᆞ야금果行ᄒᆞ야서奧國의空虛를乘ᄒᆞ야首尾가相應치못ᄒᆞ야一擊에破ᄒᆞ얏
스면匈牙利가今에一雄强ᄒᆞᆫ獨立國이早爲ᄒᆞ야世界에ᄡᅥ屹峙ᄒᆞ얏슬것이어ᄂᆞᆯ古

噶家가 陽諾ᄒᆞ고 腹誹ᄒᆞ야 竟히 不從ᄒᆞ니 噶蘇士가 이에 憤然히 噶家의 兼任軍務總督을 免ᄒᆞ고 美士梭羅將軍으로ᄡᅥ 代ᄒᆞ니 時에 古噶家ㅣ 哥摩侖地方에 在ᄒᆞ야 奧俄兵으로 더부러 戰ᄒᆞ다가 適히 微傷을 負ᄒᆞ야 此 電報를 得ᄒᆞ고 其部下의 軍隊가 激昂ᄒᆞ야 譁噪然ᄒᆞ야 日 噶蘇士는 何人이기 太不好 彼斯得府에 在ᄒᆞ야 乃 敢히 我의 疆場에 臨ᄒᆞ야 生命을 賭ᄒᆞᄂᆞᆫ 將軍을 貶ᄒᆞᄂᆞ뇨 吾等이 寧히 死ᄒᆞᆯ지언졍 他將의 指揮ᄂᆞᆫ 願受치 아니ᄒᆞ노라ᄒᆞ고 情勢가 洶洶ᄒᆞ야 俄의 大敵을 舍ᄒᆞ고 戈을 倒ᄒᆞ야 政府를 向코져 ᄒᆞ니 嗚呼라 自此以往으로 匈牙利의 前途가 可히 問쳐 못ᄒᆞ리로다 時에 格拉已加가 哥摩侖地方에 方鎭ᄒᆞ다가 此情形을 見ᄒᆞ고 憂懼失色ᄒᆞ야 全力을 乃 加ᄒᆞ야 兩雄을 調和ᄒᆞ야 噶蘇士로ᄒᆞ야 金成命을 收回ᄒᆞ고 僅히 古噶家에 陸軍 大臣만 免ᄒᆞ고 軍務總督의 任은 如故ᄒᆞ니 雖然이나 自是로 軍中이 盡然히 古噶兩 派를 分ᄒᆞ야 氷炭과 常若ᄒᆞ니 奧俄軍이 勢를 乘ᄒᆞ야 著著히 制勝ᄒᆞ야 七月十一日에 至ᄒᆞ야 布打城이 敵의게 復委ᄒᆞ더라

噶蘇士傳

四十七

第十一節 噶蘇士의 辭職 及 匈牙利滅亡

力拔山今여 氣蓋世하고 時不利兮여 雖不逝라 雖不逝兮여 可奈何오 虞兮虞兮여 奈若何오 天下에 傷心短氣할 事가 英雄末路에 過한 者ㅣ 孰有하리오 噶蘇士가 古魯家의 吾言을 不用하고 挫敗함을 以致함을 旣憤하고 號令이 一出치 아니하야 軍氣가 將到沮喪함을 又念하야 이에 古魯家로더부러 謀하야 其職을 自退하고 軍國大事를 彼의게 一委하야 補救를 以圖코저하야 辭職書를 國民前에 布告하야 曰

奧俄大軍이 力을 俳하야 境을 歷하니 某也ㅣ 不才하야 重任을 忝荷하야 師徒ㅣ 撓敗하야써 今에 至하니 溺職誤國한 罪를 辭하기 何敢하리오 今者에 國勢가 岌業하야 可히 終日 차 못할지라 亡을 存하고 續을 繼함을 國民의 軍務總督의 手에 悉懸하니 事가 此에 已至함일 政府가 立함이 無益할뿐아니라 國民의게 爲害할가 恐하야 某가 國의 血誠을 今에 瀝하야 此後의 大計를 策하 건디 政府諸員을 敢率하야 國民을 問한 野骸骨을 乞하노니 古魯家 將軍을 愛하 國 自今以往으로 一切軍國重事를 全히 古魯家 將軍 一人의 手에 託命하노니 將軍은 上天을 對하고 國民을 對하고 本國歷史를 對하야 慨然히 此重

任을荷호야其力의所及을必盡호야 此可悲可憐호國을爲호야命脉을一線에爭
홀지어다 將軍의摙明과才力이某가敢히信호고某가敢히保호노니德薄能
淺호고力竭聲嘶호고淚盡血沾호도록審飮躊躇호야計가此에 不出케不得호야
스니嗚呼라某의七尺의軀가我의久有호비아니 오苟히我를贊割호야蓋醜喜지
라도此國에 有利호눈者눈甘호기如飴호야敢히不辭호노니嗚呼라彼蒼호者] 天
이여父兮母兮가庶幾히高롤眷호고下롤顧호야 此哀窮無告호句牙利國民을拯
호시리로다 嗚呼 〈〈라一千八百四十九年八月十一日路易噶蘇士

古魯家가貳心을懷홍지已久호야噶蘇士의交代를當호민 坐호受호고不辭호야 顔
으로도國民을猶向호야忠憤의詞를演逃호야써 耳目을欺飾호느實로私히奧俄
中軍예通欸호야國을賣호야 己룰圖호니 嗚呼라百數十二人志士의百數
十年의力을竭호야經營홈이 澹淡不足호者룰 一賤丈夫가一朝에斷送호야도有餘
호니此느東西古今의歷史에奴隸國이狠藉充塞호야自由淸淑호氣가數千載룰經
호야도能히遇치못호所以러라

噶蘇士傳

四十九

噶蘇士傳

古魯家ㅣ與俄兩軍으로더부러約ㅎ고前此의俄軍中將校士卒을其罪를悉貸ㅎ고降擄를軍門에遂竪ㅎ니俄軍이格拉加가獨力으로不支ㅎ야辱에쪼屈節ㅎ니이에俄牙利가途亡ㅎ니라俄軍이其言을旋食ㅎ고戰勝의威를藉ㅎ야屠殺을大肆ㅎ야前首相巴站以下로自ㅎ야俄牙利政府에重要호人物을處斬處絞호者ㅣ數百에不下ㅎ며民間에嫌疑로써被逮ㅎ야夷戮호者ㅣ十餘萬이라骨이委ㅎ야邱가되고血이流ㅎ야河가成ㅎ니專制의政아此물前에視ㅎ면數倍를加ㅎ고俄人에豺狼에慾과水草에性으로繼橫을悉索ㅎ야殆히天日이無ㅎ니嗚呼라哀々호民이여一은蒙古에蹂躝ㅎ고二는突厥에蹂躪ㅎ고三은俄羅斯에夷僇ㅎ니民也ㅣ何辜로此의痛毒을受ㅎ는고是에至ㅎ야格羅人과賽爾維亞人과杜蘭斯哇人과撒遜人等이쪼其敵視ㅎ던馬哥耶人族을隨ㅎ야同히灰燼을成ㅎ야瘠牛贏豚이割을坐待ㅎ야命이螻蟻와儕ㅎ고權利가辨髦와同ㅎ야今에야民賊에毒謀를中ㅎ야公敵을坐待ㅎ야功狗가爲홀줄始知ㅎ니噫嘻라悔ㅎ기晚ㅎ얏도다昔賢이云ㅎ되六國을滅호者도六國이오秦이아니며秦을族호者도秦이오天下가아니라ㅎ니君子가

五十

讀史호다가此에至호미書를廢호고長慟치아니치못호리로다

第十二節 噶蘇士의 末路及匈牙利의 前途

噶蘇士가 印綬를 既解호고 古魯家의 異志를 先察호고 事가 可히 爲치못홀줄知호고 이에 突厥로 避亂호니 其途의 將發홈을 當호야 舊政府戶部大臣某가 庫儲를 點撿호니 一百五十萬이 尙有혼지라 噶氏의게 語호야 曰足下가 今에 他國으로 亡命호니, 가장 需要홀者는 阿賭物이라 此金을 此土에 棄置호야 면 奧俄虎狼軍의 谿壑을 徒飽호 리니 子ㅣ 蓋挾호야써 行치아니호느뇨 噶蘇士가 正色호야 曰此는 匈牙利政府의 物이오 余의 私財가 아니어 놀 余가 其有가 아닌것을 取호고 天을 仰호야 豈背호리오고 遂히 八月十八日로써 涙를 揮호고 國門에 出호야 嗟呼라 天이, 우리 國民을 不相호심이 아니어 놀 今에 何故로 此에 至호얏느뇨 匈牙利志士가 噶蘇士를 從호야 去호者ㅣ 五千餘人이러라 塵과 黯天호고 白日이 無色호니 鳴呼ㅣ라 噶蘇士 의 去홈이여 鳴呼ㅣ라 匈牙利가 亡호얏도다

噶蘇士가 出獄혼後로 自호야 國會에 始入홈이 實로 一千八百四十七年十一月十二

噶蘇士傳

日에 翌四十八年三月十六日에 至ᄒᆞ야 匈牙利新政府가 成ᄒᆞ고 不數月에 內亂이 蜂起ᄒᆞ야 奧匈의 衝突이 遂有ᄒᆞ얏고 翌四十九年一月一日에 的布黎省에 遷都ᄒᆞ얏고 五月二十一日에 布打城을 克復ᄒᆞ고 七月十一日에 再被陷ᄒᆞ얏고 八月十一日에 噶蘇士가 辭職ᄒᆞ고 十月에 匈牙利가 遂亡ᄒᆞ니 此ᄂᆞᆫ 一興一亡의 大活劇라 忽々ᄒᆞᆫ 兩年間事에 不過ᄒᆞᆫ지라 噶蘇士가 此二年의 中에 席이 暇ᄒᆞᆯ 大紀念을 永爲ᄒᆞ니 噫라 可히 人傑이라 不謂ᄒᆞ리오 噶蘇士가 自玆以往으로 亡命의 煖치못ᄒᆞ고 食이 暇嚥치못ᄒᆞ야 人生의 至煩至劇ᄒᆞᆫ 境을 極ᄒᆞ니 自玆以往으로 亡命의 生涯를 送ᄒᆞᆫ 者ㅣ 四十餘年이러라

噶蘇士가 國을 旣去ᄒᆞ매 厥의 維也省의 大吏가 突皇의 命을 奉ᄒᆞ야 欸待ᄒᆞ기를 上賓禮와 如히 ᄒᆞ니 奧匈兩國이 刺客을 遣ᄒᆞ야 其地에 入ᄒᆞᆷ이 無數ᄒᆞ되 突人이 保護ᄒᆞ기를 甚力ᄒᆞ야 能히 其一指趾라도 損치못ᄒᆞ니 奧俄가 强國의 餘威로ᄡᅥ 突廷을 壓脅ᄒᆞ야 기로 或은 重利로ᄡᅥ ᄭᅬ이야 噶蘇士를 ᄉᆞ금 交出케ᄒᆞ나 突廷이 英國을 結ᄒᆞ야ᄡᅥ 堅拒ᄒᆞ니 自是로 公을 爲ᄒᆞ야 突에 寓ᄒᆞᆫ者ㅣ 凡數年이러라 美國政府가

噶蘇의 高風을 慕ᄒᆞ고 其國民을 爲ᄒᆞ야 高節을 忍ᄒᆞᆷ을 哀ᄒᆞ야 慰藉ᄒᆞᆯ 所以를 思ᄒᆞ야
一千八百五十一年에 軍艦을 突厥에 送ᄒᆞ야 噶蘇士를 迎ᄒᆞ니 突厥도 또 一軍艦으로 護送ᄒᆞ야 旣至에 各地에서 歡迎ᄒᆞᆷ을 突厥에 遜ᄒᆞ야 其後 英에 復遊ᄒᆞ야 所至에 演說ᄒᆞ니 聽ᄒᆞᄂᆞᆫ者ㅣ 以萬을 所學ᄒᆞ던 英語英文이 其用을 大得ᄒᆞ야 其歡迎을 受ᄒᆞᆷ이 美國과 一如ᄒᆞ나 雖然이나 彼가 宴會에 紛紜ᄒᆞ고 名譽가 洋溢ᄒᆞᆯ 時를 當ᄒᆞ야 古鄕의 天地를 一念ᄒᆞ면 嘗히 呑聲飮淚ᄒᆞ야 万箭이 其心을 攅ᄒᆞᆷ과 如ᄒᆞ지아니치아니ᄒᆞ더라
噶蘇士가 去國ᄒᆞᆫ 後로 匈牙利가 奧俄의 虐政에 憔悴ᄒᆞ야 十餘年間에 愛國의 士가 或 殺ᄒᆞ고 或 亡ᄒᆞ야 擧國이 空ᄒᆞ야 無人ᄒᆞ되 其碩果에 僅存ᄒᆞᆫ者ㅣ 前司法大臣狄渥氏 一人이러라
一千八百五十九年에 奧이 法으로 더부러 開戰ᄒᆞ야 失利ᄒᆞ야 意大利屬地를 遂失ᄒᆞ니 奧王이 外患에 迫ᄒᆞ야 得已치못ᄒᆞ야 民의 케求助ᄒᆞᆯ시 前策을 一變ᄒᆞ야 六十年 五月로 以ᄒᆞ야 匈牙利를 命ᄒᆞ야 議員若干人을 選ᄒᆞ야ᄡᅥ 奧國議會에 入케ᄒᆞ니 於是

噶蘇士傳

五十三

噶蘇士傳

에 狄渥氏가 被選호야 期得省의 代表가 되야 匃牙利를 爲호야 三事를 提出호야써 奧政府에 要求호니 一曰 金牛憲章을 恢復호야 一切國務를 此憲章을 依호야 施行호고 二曰 匃牙利政府를 彼斯得省에 置호야 四十八年 故事와 如히 호고 三曰 革命時代에 異國으로 流竄호얏든 志士를 悉招歸國호고 其田里에 返호야 能히 不從치 못호라 호니 奧王이 진실노 樂爲홈은 아니로되 許之홈은 時勢에 迫호야 一千八百六十七年 七月 七日에 彼斯得에 親臨호야 金牛憲章을 誓守호야 匃國에 兼王호니 今日에 奧匃雙立國에 成立혼 所以러라

古魯家는 其匃人을 見홀 面目이 無홈을 自恥호야 奧國一田舍에 退匿호야 奧廷에 歲俸 六萬을 給호야 其殘年을 終호게 호니 所至에 村落에서 受侮호야 爵廢로 卒호니라 噶蘇士는 天涯飄泊中에 雖在호나 日々히 作書와 著報와 演說로 匃牙利人을 開導호야 其將來의 利益을 恢復홀 바를 謀호니 此後에 狄渥이 玆國을 再造홈은 實로 噶蘇士의 遺敎를 一遵홈이러라 六十七年에 權利를 恢復혼 以來로 匃牙利의 進步가 一日에 千里라 噶蘇士가 大히 慰藉호야 意大利山水明媚혼 地에 卜居호야 格致의 學을 硏

五十四

噶蘇士傳

쫏ᄒᆞ야 其天年을 終ᄒᆞ니 一千八百九十四年 三月 二十一日에 此世를 去ᄒᆞ고 써 天國에 入ᄒᆞ니 享年이 九十二러라

新史氏曰 匈牙利가 今日이 僅有홈은 匈牙利人의 不幸이오 匈牙利가 今日이 尙有홈도 匈牙利人의 幸이라 今日에 民族主義가 天壤에 磅礴ᄒᆞ되 彼匈牙利者ㅣ 엇지今日을 僅有ᄒᆞᆷ으로, 써 自足ᄒᆞᆯ는가 然이나 其能히 使ᄒᆞ야 今日을 有케홈과 使ᄒᆞ야 將來에 更히 今日보다 有優케홈이 誰가 實로 爲ᄒᆞᆯ 것인고 吾ㅣ 敢히 斷言ᄒᆞ야 曰 噶蘇士의 賜라ᄒᆞ노라 嗚呼라 今天下의 國이 其窮蹙홈이 前此에 匈牙利와 如ᄒᆞᆫ 者ㅣ 何限이리오 噶蘇士가, 엇지曠世ᄒᆞ야 一遇치아니ᄒᆞᄂᆞᆫ고 海山이 蒼々ᄒᆞ고 海雲이 茫々ᄒᆞ니 其人이 存ᄒᆞ면 吾ㅣ 願컨ᄃᆡ 鞭을 執ᄒᆞ고 忻慕ᄒᆞᄂᆞᆫ 者로라

五十五

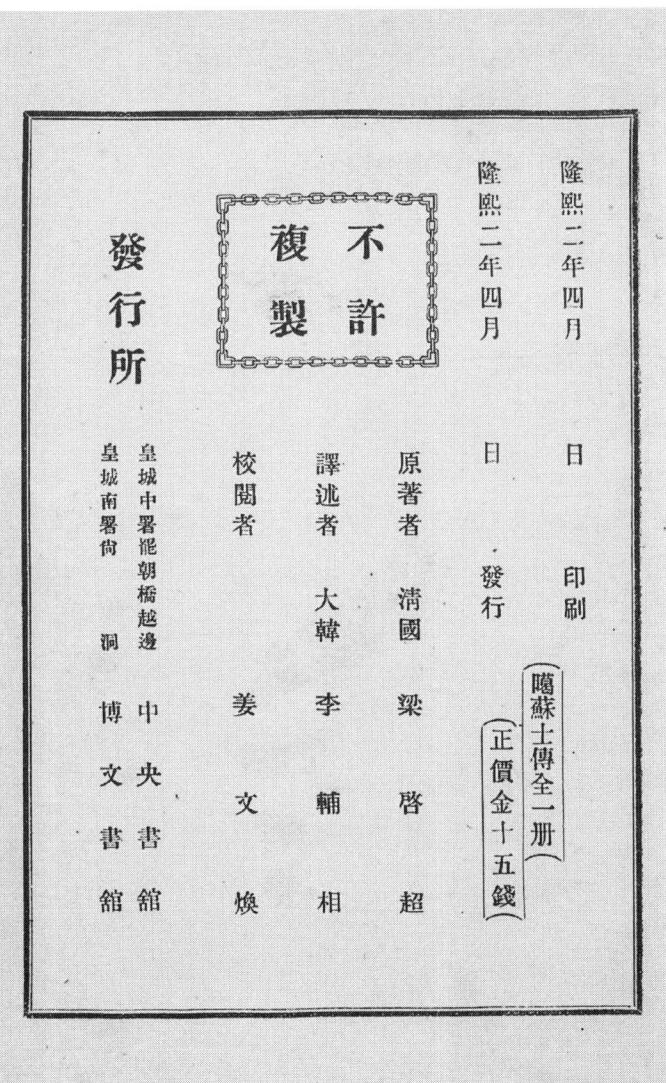

영인자료

噶蘇士傳

여기서부터는 영인본을 인쇄한 부분으로 맨 뒷 페이지부터 보십시오.

는 사실이다. 하지만 이보상의 번역이 있었기에, 당시로서는 희귀할 수밖에 없는 헝가리에 대한 풍부한 지식이, 더구나 일정한 변주는 가해졌을지언정 실패한 공화주의 혁명가의 일생이 본격적으로 조명될 수 있었다.

한국의 경우, 잡지와 단행본의 두 가지 판본이 등장했다. 1906년 10월과 12월, 잡지『조양보』(朝陽報)가 두 차례에 걸쳐 「갈소사전」을 게재한 것이 그 첫 번째다. 미완으로 끝난 이 연재본은 량치차오의 주요 주장들을 제거한 채 코슈트의 소개에 집중하였다. 반면 전술했듯 단행본으로 나온 이보상의 번역서는 량치차오의 입장 그대로를 복제하는 형태, 즉 가감 없는 전문 번역에 가까웠다. 다만『갈소사전』에는 추천인 기우생(杞憂生)의 서문과 역자 이보상의 서문이 책의 첫 두 면을 장식하고 있다. 둘 다 순한문 문장이라는 점이 특기할 만하다. 기우생은 자신의 한문 문장으로 이보상의 번역을 '언역(諺譯)'이라 언급하고 있다. 이처럼 당대의 국한문체 번역에는 대중과의 접점을 확대하여 계몽운동에 기여한다는 명료한 인식이 깃들어 있었다. 그런가 하면 이보상 서문의 특징은 아시아가 다시 한번 도약하리라는 긍정적 전망에 있다. 그는 아시아가 비록 인의예지에 젖어있다가 지금은 침체되었지만 굳이 서양처럼 피를 흘릴 필요는 없다고 말한다. 코슈트의 비타협적 면모는 이시카와에 의해 옅어지고 다시 량치차오에 의해 한층 휘발된 측면이 있는데, 기실 이보상의 태도는 그렇게 중역(重譯)으로 빚어진 코슈트와 어우러지고 있었다.

이렇듯『조양보』의 연재 버전과『갈소사전』은 상이한 번역의 양상을 보여준다. 당시 한국에서 량치차오의 위상이 아무리 높았다 하더라도, 두 텍스트의 편차처럼 번역의 대상이 되는 순간 텍스트의 운명은 아무도 장담할 수 없었다. 분명한 것은 코슈트가 지금뿐 아니라 당대인의 시선에서 보더라도 비주류적 영웅이었으리라

코슈트」의 '제5 고향의 은인'뿐이다. 즉, 대체로 챕터의 일부를 함께 묶는 방식으로 12개가 된 것이어서, 전체적 흐름은 저본과 동일하다. 한편, 량치차오의 「噶蘇士傳」은 「루이 코슈트」를 뼈대로 삼되 대량의 첨삭을 통해 자신만의 메시지를 구현한 결과물이다. 가령 「噶蘇士傳」에서 량치차오는 일본어 저본의 도입부를 전혀 번역하지 않고, 자신의 목소리만으로 '발단'을 구성하였다. 여기서 그는 왜 하필 코슈트에 대해 쓰게 되었는지를 설명한다. 요컨대 코슈트가 현대의 인물이고, 황인종이며, 전제 체제에 처했던 인물인데다가, 실의(失意)의 인물이기 때문이라는 것이다. 이러한 적극적 개입과 의미 부여는 량치차오의 텍스트에 대한 충실한 번역으로 일관한 이보상의 『갈소사전』과 흥미로운 대조를 보인다. 그런 만큼 동아시아 내부의 코슈트 전기 비교는 '일본어 판본' 대 '중국어·한국어 판본'의 구도를 중심으로 검토될 필요가 있다. 물론 이는 량치차오가 그만큼 유의미한 차이를 만들었기 때문이다. 그 차이에 대해 좀 더 살펴보자.

량치차오에 의해 중국에 수용된 코슈트는 일본 인종의 형제가 아닌 황인종 전체의 가능성이 되었다. 코슈트를 통해 일본인의 자부심을 고취하는 이시카와의 전략과 달리, '신민'(新民) 만들기라는 계몽적 지향을 가진 량치차오에게 코슈트는 중국인들이 배우고 따라야 할 외부의 모범, 곧 엄연한 타자였다. 한편, 량치차오는 코슈트의 급진적 면모 대신 중재자적 면모를 강화하고, 오스트리아-헝가리제국이라는 '쌍립국주제', 즉 이중국체의 의의를 강조하여 암울했던 자국의 상황에 새로운 정치적 화두를 던지기도 하였다.

도 추가로 활용하여 나름의 코슈트전을 만들었다. 이시카와가 구성한 「루이 코슈트」의 서사는 네 가지 국면으로 나눌 수 있다. 첫 번째는 헝가리의 역사적 배경과 코슈트의 성장 과정을 서술하는 단계이고(1~4장), 두 번째는 성인이 된 코슈트의 활약기로서 오스트리아로부터 정치적으로 독립을 승인받아 헝가리 자치 내각을 세우는 시기까지(5~11장)이며, 세 번째는 비헝가리계 세력과의 갈등, 오스트리아와의 전쟁이라는 위기를 극복하고 헝가리의 독립 선언에 이르는 단계(12~15장)이다. 마지막 네 번째는 코슈트와 괴르게이 장군의 충돌 및 헝가리의 몰락, 오스트리아와의 타협을 통해 다시 정치권력을 어느 정도 회복하는 단계(16~20장)이다. 이시카와가 「루이 코슈트」에서 전달하고자 한 고유의 메시지에 대해서도 짚어둘 필요가 있다. 요약하자면, 이시카와에게 코슈트의 나라 헝가리는 흉노족의 혈맥을 공유한 일본의 형제로, 일본 내 보수 집권당의 소극적 국가경영을 질타하는 도구로, 그리고 일본의 식민지적 무의식을 증폭시키는 촉매재로 동원되었다. 그 과정에서 코슈트의 비타협적 면모는 축소되고 만다.

량치차오의 「噶蘇士傳」의 경우, 총 20개 챕터였던 이시카와의 구분을 12개로 축소했다. 그러나 챕터를 통째로 생략한 것은 「루이

---

3) P. C. Headley, *The Life of Louis Kossuth, Governor of Hungary*, Derby and Miller, 1852. 시간적 차이가 있기에 1899년 당시 이시카와가 활용한 것이 *The Life of Louis Kossuth*의 초판본(1852)은 아닐 수 있다. 해들리는 1819년 뉴욕의 월튼에서 태어났다. 법학 학위를 받은 후 신학 공부를 시작한 그는 뉴욕의 Auburn에 있는 신학대학을 졸업한 후 목사가 되어 장로교 및 회중파 교회의 목회를 담당했다. 다양한 저술을 남겼는데, 전기물은 그의 주요 분야였다.

한 것은 어쩌면 필연적이었을지 모른다. 그 이유는 바로 『갈소사전』의 저본이 바로 대한제국 지식인들의 '근대적 지식창고' 역할을 한 량치차오의 『음빙실문집』에 수록되어 있었기 때문이다. 심지어 량치차오의 「匈加利愛國者噶蘇士傳」(이하 「갈소사전」)은 「라란부인전」, 「이태리건국삼걸전」으로 이어지는 그의 서구영웅전 시리즈의 첫 번째에 위치하고 있었기에 더욱 주목을 끌 만했다. 이보상은 『갈소사전』의 시작 부분과 판권지에 모두 량치차오의 이름을 '원저자'로 제시하였으며, 『대한매일신보』에 실린 광고문에서조차 첫 마디는 바로 "淸國梁啓超 原著"(청국양계초 원저)였다.

다만 이보상의 소개와는 달리, 량치차오의 코슈트 전기 역시 '원저'로 규정할 수는 없다. 애초에 량치차오가 1902년 3월부터 『신민총보』에 세 차례 연재한 뒤 『음빙실문집』에 재수록한 「갈소사전」이 일본어 텍스트를 저본으로 삼고 있었던 까닭이다. 바로 이시카와 야스지로(石川安次郎, 1872~1925)의 「ルイ、コッスート」(이하, 「루이 코슈트」)였다. 그의 「루이 코슈트」는 일본의 유력 잡지 『太陽』제5권 22호와 24호(1899년 10월~11월)에 게재된 후 이듬해 출간된 『近世世界十偉人』(근세세계십위인)의 10번째 글로 재수록되었다. 이시카와는 저널리스트 및 정치가로서의 삶을 살았으며 다양한 저술 활동을 펼친 인물이다.

이시카와가 코슈트 전기 집필에 주로 참조한 텍스트는 피니어스 헤들리(Phineas Camp Headley, 1819~1903)의 *The Life of Louis Kossuth*로 확인되었다. 이시카와는 이 방대한 저서의 일부를 번역하거나 재구성하되, 헝가리의 역사와 인물에 대한 별도의 문헌

쏟아져 나온 그와 관련된 서구권의 저술들이다. 이는 혁명가 코슈트의 행보를 설명하는 기본적인 것에서부터 그와 관련된 서신들, 성품과 인간적 면모에 대한 글, 그를 수행한 이가 전하는 첩보물 형태의 이야기, 훌륭한 남편으로서의 증언에 이르기까지 다양하다. 이렇게 유럽인을 열광시켰던 코슈트의 이야기는 시간이 지나 동아시아 지식인들에도 발견되기에 이른다.

코슈트는 지금도 헝가리인들이 대표적 민족 영웅으로 손꼽는 인물일 뿐 아니라 전술했듯 그가 살아 있던 시기, 즉 19세기 후반의 유럽인들 역시 그의 진가를 인정하고 있었다. 그러나 코슈트 자체의 위상만으로 1908년 한국에『匈牙利愛國者噶蘇士傳』(중앙서관, 1908.4, 이하『갈소사전』)이 번역되었을 리는 없다. 이보상(李輔相)[2] 이 번역한 이 책은 1907년도부터 본격화된 서구영웅전의 출판 흐름에 놓여 있었다. 그럼에도 불구하고 당시의 출판 여건에서 약소국 헝가리의 애국자 이야기까지 소개된 점은 여전히 이채롭다. 두말할 것 없이, 러요시 코슈트는 현대의 한국인들에게조차 생경한 인물이다.

그런데 망국의 기로에 서 있던 한말 지식인들이 코슈트를 발견

---

[2] 이보상(李輔相, 1882~1948): 1906년 대한자강회의 간사원으로 피선된 이력이 있으며, 여러 대한제국기 잡지를 통해서 계몽운동을 펼쳤다.『갈소사전』이후에는『이태리소년』(중앙서관, 1908.11)을 번역한 바 있다. 1908년 탁지부 주사를 시작으로, 1910년 경남 울산군 서기, 1914년 경남 의령군 서기, 1921년 경남 남해군수 등 일제강점기에 관직을 두루 거쳤고, 1912년 8월 한국병합기념장, 1915년 11월 다이쇼 천황 즉위 기념 대례기념장 등을 받아 현재는『친일인명사전』(민족문제연구소, 2009)에 등재되어 있다.

해설

흉아리 애국자 갈소사전
: 헝가리 공화주의 혁명가 코슈트 전기

손성준

러요시 코슈트는 헝가리의 혁명가이다. 19세기 중반, 그가 주도한 오스트리아로부터의 독립운동은 1849년 4월경 거의 완성의 수준까지 도달했다. 오스트리아가 러시아군을 끌어들이지 않았다면 그 과업이 실현되었으리라는 것이 역사가들의 정설이다. 혁명 자체의 성격을 보아도 전반적으로 어디서나 패퇴한 19세기의 혁명들과는 달리 헝가리의 혁명은 그 내부의 문제로 붕괴하지 않은 단 하나의 사례였다고 평가되기도 한다. 홉스봄은 코슈트에 대해 "후일 민족주의 사가들이 그(코슈트)를 성자(聖者)로 치켜세우는 통에 그의 초기 활동은 파악하기가 어려워졌"[1]을 정도라고 말한 바 있다. 코슈트에 대한 유럽인의 관심을 잘 보여주는 것이 19세기 후반

---

1) 에릭 홉스봄 저, 정도영·차명수 역, 『혁명의 시대』, 한길사, 1998, 279쪽.

덕분이라 하겠다. 아! 오늘날 천하의 궁박한 나라 중에 이전에 헝가리와 같은 나라가 얼마나 있었겠는가. 코슈트가 어찌 세상에 드물어 한 번도 만나보지 못했단 말인가. 해산(海山)이 창창하고 해운(海雲)이 망망하니 그 사람이 살아계셨더라면 내 그 사람을 위해 채찍을 들어 말을 모는 일도 기쁘게 하였을 것이다."라고 하였다.[15]

---

15) 신사(新史) …… 하였다.: 량치차오가 직접 서술하고 이보상이 번역한 이 대목과는 달리, 「루이 코슈트」의 결말은 다음과 같은 내용이다. "아, 나라의 자유·독립·평등을 위해 일신의 이익을 희생한 영웅 코슈트, 이 사람이 우리와 5천 년(원문에는 '50년'으로 오기되어 있어 수정함, 역주) 전에 갈라진 동포 중 한 사람이다. 근간에 일본 조정을 방문한 아르투르 도치 씨의 친아버지 아르틴 도치 씨는 코슈트의 비서관으로 다년간 그 추모식에 참석한 사람이다. 이리하여 그는 아버지와 함께 오랫동안 코슈트와 접촉한 사람인 것이다. 일전에 나에게 '제가 코슈트 씨에게 일본의 국정(國情)에 대해 말할 때마다 그는 기꺼이 이를 경청하고, 일본과 헝가리는 20세기 세계에서 가장 우수한 최고의 인종이라고 거듭 말씀하십니다. 5천 년 전의 동포가 동서에서 서로 격려하며 세계열강 사이에서 패권을 수립한다면 이 또한 유쾌한 일이 아니겠는가라고 하셨습니다'라고 말하였다. 헝가리의 근래의 정세를 보건대 코슈트의 예언이 반드시 공언은 아님을 증명하고 있고, 돌아서서 일본의 국정을 보면 나는 자못 낙담하여 허탈해지지 않을 수 없다."(879~880쪽)

여 오스트리아의 한 촌락에 물러나 숨어 지냈는데, 헝가리 조정에서 해마다 봉급 6만을 주어 여생을 마치게 하였다. 그러나 그는 가는 마을마다 수모를 당해 울화병으로 죽었다.[12] 코슈트는 비록 먼 이역의 폭풍 속에 있었지만 날마다 글과 신문과 연설로 헝가리인들을 개도하여 나라가 미래에 이익을 회복할 것을 꾀하였다. 이후에 데아크가 이 나라가 다시 재건하게 된 것은 실로 코슈트의 유지를 모두 따랐기 때문이었다. 1867년에 권리를 회복한 이후로 헝가리는 하루가 멀다 하고 발전하였다. 코슈트는 크게 위로받아 이탈리아의 경치 좋은 땅[13]에서 살면서 격물치지의 학문을 연구하다가 천수를 마쳤다. 1894년 3월 21일에 세상을 떠나 천국으로 가셨으니 향년 92세였다.

신사(新史) 씨[14]가 말하기를, "헝가리가 오늘날 겨우 있게 된 것은 헝가리의 불행이고, 헝가리가 오늘날 여전히 있는 것은 헝가리인의 행운이다. 오늘날 민족주의가 천지에 가득한데 저 헝가리는 어찌 오늘날 겨우 있게 된 것으로 만족해한단 말인가. 그러나 저 헝가리가 오늘날 있게 한 것과 장래에 다시 오늘보다 더 낫게 한 것은 누가 실로 한 것인가. 내가 감히 단언하여 말하겠으니 코슈트의

---

12) 울화병으로 죽었다.: 량치차오가 독자적으로 첨가한 것을 이보상이 번역한 대목이다. 「루이 코슈트」의 경우 괴르게이가 "모멸을 받아가며 여생을 보냈다."(878쪽)라고 되어 있지, 그의 죽음에 대한 언급은 없다.
13) 이탈리아의 경치 좋은 땅: 「루이 코슈트」의 경우 "이탈리아의 토리노(Torino)"(879쪽)로 구체적으로 밝혀두었으나 량치차오에 의해 누락되었다.
14) 신사(新史) 씨: 량치차오를 지칭한다. 그가 신사학(新史學)을 기치로 내세운 데서 유래하였다.

세 가지 사항은 다음과 같다.

> 첫째, 금우헌장(金牛憲章)을 회복하여 일체 국무를 이 헌법에 따라 시행할 것.
> 둘째, 헝가리 정부를 페스트성에 두어 1848년의 전례와 같이 할 것.
> 셋째, 혁명시대에 다른 나라로 유배당했던 지사들을 모두 불러 귀국하게 하고 그 고향으로 돌아올 수 있게 할 것.

오스트리아 왕은 진실로 달가워하지 않았다. 하지만 허락했던 것은 시세(時勢)에 쫓겨 따르지 않을 수 없기 때문이었다. 그리하여 1867년 6월 7일[10]에 페스트에 직접 임어하여 금우헌장을 지킬 것을 맹세하고 헝가리의 왕을 겸하게 되니, 곧 오늘의 오스트리아-헝가리 쌍립국이 성립하게 된 이유였다.[11]

괴르게이는 헝가리 사람을 볼 면목이 없을 정도로 부끄러워하

---

10) 1867년 6월 7일: 량치차오와 이보상 판본에는 모두 7월 7일로 오기되어 있다. 실제 오스트리아와 헝가리의 대타협을 의미하는 아우스글라이히(Ausgleich)는 6월이며, 「루이 코슈트」에는 6월 7일로 표기되어 있어서 이를 근거로 수정하였다. 다만, 공식적인 오스트리아-헝가리의 타협안 체결일은 1867년 2월 8일이며, 프란츠 1세의 헝가리 국왕 대관식은 6월 8일로 알려져 있다.

11) 곧 오늘의 …… 이유였다.: 저본에는 "금일에 오스트리아-헝가리 쌍립군주국이 이렇게 성립하였다."(65쪽)라고 되어 있다. 즉, '쌍립군주국'이 '쌍립국'으로 바뀐 것을 알 수 있다. 한편 「루이 코슈트」의 해당 대목에는 그러한 표현 자체가 없었다. 이시카와는 단순히 "금일의 오스트리아-헝가리국은 바로 여기서 유래한 것이다."(878쪽)라고 서술하였다.

후 영국에 다시 들렀는데 그 환영을 받는 것이 미국과 같았다. 비록 그렇지만 그는 연회가 분분하고 명예가 가득할 때에도 고향 땅을 한 번 생각하면 목소리가 잠기고 눈물을 머금었으며 만 개의 화살이 심장을 꿰는 듯과 같았다.[8]

코슈트가 나라를 떠난 뒤로 헝가리는 오스트리아·러시아의 학정에 초췌해져 10여 년간 애국지사가 죽기도 하고 혹 유배 가기도 하여 온 나라가 텅 비어 사람이 없게 되었다. 남은 사람 중 겨우 살아남은 자가 있었으니, 전 사법대신 데아크 한 사람이었다.[9]

1859년에 오스트리아는 프랑스와 함께 개전하였다가 패배해 이탈리아의 속지를 마침내 잃게 되었다. 오스트리아 왕은 외환에 쫓기게 되어 부득이하게 헝가리의 백성들에게 도움을 구하였다. 이 때 이전 정책을 다 바꾸어 1860년 5월을 기점으로 헝가리에 명하여 의원 몇 명을 선발하여 오스트리아 의회에 들어오도록 하였다. 이에 데아크가 선발되어 페스트성의 대표가 되었다. [그는] 헝가리를 위해 세 가지 사항을 제출해 오스트리아 정부에 요구하였다. 그

---

8) 비록 그렇지만 …… 같았다.: 량치차오가 다시 쓰고 이보상이 번역한 대목이다. 「루이 코슈트」의 해당 대목은 다음과 같다. "그러나 그의 고향인 헝가리는 그가 헝가리를 떠난 뒤 10년간 오스트리아와 러시아의 학정 아래 고통받고 있어, 그의 마음은 하루도 편할 날이 없었다."(875쪽)

9) 한 사람이었다.: 량치차오는 여기서 이어지는 「루이 코슈트」의 다음 대목을 생략하였다. "1847, 48, 49년의 3년간에 걸쳐 그 명성이 일세를 진동시킨 헝가리의 명사들은 교전에서 전사하거나, 괴르게이가 항복한 후 학살당하거나, 타국으로 망명하여 겨우 여생을 보전하거나, 패전 후 10년의 세월 동안 병사하거나 하여 헝가리에 아직 살아남은 자는 실로 그 한 사람뿐이었다. 마치 그는 난맥에 빠진 헝가리를 바로잡기 위해 특별히 그때까지 무사히 헝가리에 살아남은 것 같은 사람이었다."(876~877쪽)

생이 지극히 번거로운 고생스러운 지경에 이르렀다. 이로부터 이후로는 망명의 생애를 보낸 것이 40여 년이었다.[5]

코슈트가 나라를 떠난 뒤 튀르크의 비잔티움성[6]에 이르니 이 지역의 고위 관리가 튀르크 황제의 명을 받들어 귀빈처럼 대우하였다. 오스트리아-헝가리 두 나라가 자객을 보내 그 지역에 들인 것이 무수하였지만 튀르크 사람이 힘을 다해 보호하여 손끝 하나라도 다치게 하지 못하였다. 오스트리아·러시아는 강국의 남은 위세로 튀르크 조정을 누차 압박하고, 혹 많은 이익으로 회유하여 코슈트를 내놓게끔 하였지만 튀르크 조정은 영국과 결탁해 굳세게 거부하였다. 이로부터 공을 위해 튀르크에 머무르게 해준 것이 모두 수년이었다. 미국 정부는 코슈트의 높은 풍격을 사모해 그 국민을 위해 고상한 절개를 참는 것을 딱하게 여겨 위로할 방법을 생각하였다. 그리하여 1851년에 군함을 튀르크에 보내 코슈트를 맞이하니, 튀르크도 한 척의 군함으로 호송하였다. 그가 도착하자 각지에서 앞다투어 환영하며 뒤처질까 걱정하였다.[7] 이에 이르러 그가 옥중에서 3년 동안 배웠던 영어와 영문이 그 쓰임을 크게 발휘해 가는 곳마다 연설할 때 청중들이 자유의 신이 내려왔다고 하였다. 그

---

5) 코슈트가 출옥한 …… 40여 년이었다.: 「루이 코슈트」의 경우 본 단락이 챕터의 처음에 위치한다.
6) 비잔티움성(維氈省, Byzantium)
7) 그가 …… 걱정하였다.: 이 문장은 량치차오가 집필한 것이다. 「루이 코슈트」의 경우 이 대목에 "코슈트가 미국의 각지에서 범상치 않은 환영을 받은 것은 우리 일본 정부의 캉유웨이(康有爲)와 박영효에 대한 태도와 비할 바 아니었다."(875쪽)는 내용이 있었으나 생략되었다.

코슈트는 정색하며 말하였다.

"이는 헝가리 정부의 물건이지 내 개인의 재물이 아닙니다. 나의 소유가 아닌 것을 어떻게 감히 취할 수 있겠습니까."

마침내 [그는] 8월 8일에 눈물을 흘리며 국경을 나갔다. 국경을 나갈 적에 하늘을 우러러보고 탄식하며 말하였다.

"아! 하늘이 우리 국민을 보우하지 않으시는데 오늘 무슨 까닭으로 여기에 이르렀는가."

헝가리의 지사 중 그를 따르는 자가 5천 명이 넘었다. 먼지가 하늘을 가리고 흰 해가 색을 잃으니, 아! 코슈트가 떠남이여! 아! 헝가리가 망하였구나!

코슈트가 출옥한 뒤로부터 국회에 비로소 들어간 것이 1847년 11월 12일이었다. 이듬해 1848년 3월 6일에 이르러 헝가리 신정부가 수립되고 몇 개월도 지나지 않아 내란이 벌떼처럼 일어나 마침내 오스트리아-헝가리의 충돌이 발생했다. 이듬해 1849년 1월 1일에 데브레첸성⁴⁾으로 천도하였고, 5월 21일에 부다성을 수복하였고, 7월 11일에 다시 함락하였고, 8월 11일에 코슈트가 사직하고, 10월에 헝가리가 망하니, 이는 일흥일망(一興一亡)의 큰 활극이어서 빠르기가 두 해의 일에 불과하였다. 이 짧은 시일에 지대한 물결을 일으켜 온 유럽을 놀라게 하며 하나의 큰 기념할 일로 영구히 남았으니, 아! 인걸이라 부르지 않을 수 있겠는가. 코슈트가 이 2년 동안 자리가 따뜻해질 겨를도 없었고 음식도 먹을 겨를이 없어 인

---

4) 데브레첸성(的布黎省, Debrecen)

제12절

코슈트의 말로와 헝가리의 앞길[1]

　코슈트는 인수(印綬)[2]를 이미 푼 다음, 괴르게이의 다른 뜻을 먼저 알아차리고 일이 수습되지 못할 줄 알아 튀르크로 피난을 갔다. 그가 길을 떠날 때 구정부 호부대신(戶部大臣) 모(某) 씨가 창고를 점검하니 250만 불[3]이 아직 남아 있었다. [그가] 코슈트에게 말하였다.

　"족하께서 오늘 타국으로 망명하시는 상황에서 가장 중요하게 쓰일 것은 돈입니다. 이 돈을 이 땅에 두고 가시면 그저 이리 같은 오스트리아·러시아 군대의 배만 채울 뿐일 것이니, 그대가 이 돈을 챙겨 떠나지 않으시겠습니까."

---

1) 제12절 코슈트의 말로와 헝가리의 앞길: 제12절은 량치차오가 「루이 코슈트」의 '제19 영웅의 말로', '제20 헝가리의 회복'을 통합한 것이다.
2) 인수(印綬): 벼슬아치에게 주어진 관인의 끈이다. 관직에 취임하면 그에 해당하는 관인과 끈이 주어지는데, 그것을 항상 몸에 지니고 있었기 때문에 '인수를 허리에 차다'라는 말은 임관한다는 뜻이고, '인수를 풀다'라는 말은 퇴관·면관을 의미한다.
3) 250만 불: 이보상 판본에는 단위가 없고, 량치차오 판본에는 "金"(64쪽)이라 되어 있다. 여기서는 이시카와 판본의 "弗"(873쪽)을 근거로 추가하였다. 또한 이보상 판본에는 "250만"이 아니라 150만"(51쪽)으로 오기되어 있어 수정하였다.

죽임을 당한 사람이 거의 10여만 명이었다. 시체가 쌓여 언덕이 되고 피가 흘러 강을 이루니 전제 정권이 이전에 비하면 몇 배나 더 하였다. 거듭하여 러시아인은 이리 같은 욕심과 물과 풀을 찾는 습성으로 종횡무진 빠짐없이 거둬들여 거의 멀쩡한 날이 없었다.

아! 아! 가엾고 가엾은 헝가리 백성들이여. 한 번은 몽고(蒙古)에게 유린당하고, 그 다음은 튀르크에게 짓밟히고, 그 다음은 러시아에게 도륙당하니 백성들이 무슨 잘못으로 이런 고통을 받아야 한단 말인가. 이에 이르러 크로아티아인과 세르비아인과 트란실바니아인과 작센인 등이 또한 그 적시하던 마자르족을 따라 함께 재가 되어 버려 마른 소와 여윈 돼지가 도축 당하는 것처럼 아무것도 하지 못한 채 기다려 명이 개미와 같았고, 권리가 터럭같이 작아졌다. 이제는 민적의 독한 계략에 걸려 공적에게 개처럼 부려지게 되는 것을 비로소 알게 되었으니, 아! 후회하기엔 늦었도다!

옛 현인이 이르기를, "여섯 나라를 멸망시킨 것은 여섯 나라가 한 것도 아니고 진나라가 한 것도 아니며, 진나라를 멸족시킨 것도 진나라가 한 것이 아니고 천하가 한 것도 아니다."라고 하였다. 군자(君子)라면 역사서를 읽다가 여기에 이르러 책을 덮고 길게 애통해 하지 않을 이가 없을 것이다.[11]

르(Vilmos Lázár) /장군 크네지치(Károly Knézich) / 장군 슈바이델(József Schweidel). 옛 정부를 위해 힘쓴 사람 중에, 괴르게이 이외는 거의 사면된 이가 없었다." (870~872쪽, 영문 병기는 역자) 량치차오는 위 내용을 모두 생략하였다.
11) 민간에서도 혐의가 있다는 …… 없을 것이다.: 모두 량치차오가 직접 집필하고 이보상이 번역한 내용이다.

백수십 년의 힘을 다해 일궈 없애기 어려운 것을, 한 천한 장부가 하루아침에 끊어버려 남겨두었다. 이것이 동서고금의 역사에 노예국이 무질서와 혼란으로 가득해 수천 년을 지나도 자유롭고 맑은 기운을 만나지 못하는 이유이다.[9]

괴르게이는 오스트리아·러시아 두 군대와 함께 약조를 맺어 이 앞의 헝가리 군중 장교와 사졸에 대해 그 죄를 모두 사면해주기로 하고 항복의 깃발을 마침내 군중 앞에 세웠다. 클랍카가 혼자의 힘으로는 버티지 못해 치욕을 받아들인 채 굴복하니, 이에 헝가리는 마침내 망하게 되었다. 오스트리아·러시아 군대는 그 약조를 곧바로 폐기하고 전승의 위세를 업은 채 크게 학살을 자행하여 전 수상 바티야니 이하로부터 헝가리 정부에 중요한 인물들을 참수하고 교수형 한 것이 수백에 달하였다.[10] 민간에서도 혐의가 있다는 이유로 끌려와

---

9) 아! 백 수십 …… 이유이다.: 량치차오가 독자적으로 첨가한 것을 이보상이 번역한 대목이다.

10) 량치차오나 이보상 판본과는 달리, 「루이 코슈트」에는 사형당한 주요 인사의 명단이 구체적으로 제시되어 있다. "아직 정부에 몸담고 있던 자는 거의 모두 재액(災厄)을 만났다. 그중 중요한 명사(名士)는 다음과 같다. 전 내각총리 백작 러요시 바티야니 / 전 상무대신 라슬로 사니(László Csány) / 귀족원 의장 남작 지그몬드 페레니(Zsigmond Perényi) / 니이틀러주 부지사 남작 제세나크 / 중의원(衆議院) 의원 사츠바이 / 공작 보로니에츠키(Mieczysław Woroniecki) / 대령 모르만 / 대령 아반콜트. 이들이 페스트부에서 공개적으로 사형에 처해진 자들이다. 그리고 1849년 10월 8일 아라드(Arad)에서 교수형에 처하여진 중요한 명사들은 다음과 같다.

전 육군대신 장군 아울리히(Lajos Aulich) / 장군 백작 벡시(Vécsey Károly) / 부장군 에르뇌 키스(Ernö Kiss) / 장군 다먀니치(János Damjanich) / 장군 나기산도르(József Nagysándor) / 장군 데셰피(Arisztid Dessewffy) / 장군 백작 레이닝언(Károly Leiningen)(영국여왕의 조카) / 장군 토록(Ignác Török) / 장군 라너(György Láhner) / 장군 남작 푈텐베르크(Ernö Pöltenberg) / 장군 백작 라자

해봐도 이 계책밖에 없습니다. 아! 저의 칠 척의 몸뚱이는 나의 고유한 것이 아닙니다. 만일 나를 토막 내 젓갈을 담근다 할지라도 이 나라에 이익이 있다면 엿과 같이 달게 받아들여 감히 사양하지 않겠습니다. 아! 저 푸른 하늘이시여! 아버지와 어머니께선 부디 높이 살펴주시고 아래를 돌봐주시어 이 가엾고 곤궁하며 무고한 헝가리 국민을 구원해 주시옵소서. 아! 아!"[7]

1849년 8월 11일 러요시 코슈트

괴르게이는 이미 오래전부터 두 마음을 품어 코슈트와 교체하게 되었을 적에 또한 받아들이고 사양하지 않으며 낯빛 하나 변하지 않은 채 오히려 국민을 향해 충정 가득한 말로 연설[8]하여 이목을 속이니, 실로 사사로이 오스트리아·러시아 군대와 내통하여 나라를 팔아 자기만 살기를 꾀하였다. 아! 백 수십 명의 지사(志士)가

---

[7] 아! 저의 칠 척 …… 아! 아!: 량치차오의 상상력으로 집필되고 이보상에 의해 옮겨졌다. 「루이 코슈트」의 해당 대목은 원래 다음과 같다. "만약 나의 죽음으로 이 나라를 이롭게 할 수 있다면 본인은 기쁘게 나의 일신을 바칠 것이다. 공평하고 자애로우신 신은 반드시 이 가련한 국민 위에 보살핌을 내려주실 것이다."(868쪽)
[8] 충정 가득한 말로 연설: 「루이 코슈트」에는 해당 연설이 제시되어 있었으나 량치차오가 생략하였다. 해당 내용은 다음과 같다. "국민들이여. 헝가리 정부는 이제 생존할 수 없어 대통령을 시작으로 각 대신들이 한꺼번에 그 직에서 해임되었다. 본인은 이 위급존망(危急存亡)의 때를 즈음하여 만약 국가의 이익이 되는 일이라면 무기를 손에 쥐고 싸울 것을 선포하는 일도, 공식적인 연회에서의 강화의 담판도 모두 할 것이다. 만약 국민의 생명과 재산을 보호하고 국민이 받는 고통을 제거하기 위해서라면 본인은 가능한 모든 힘을 다할 것이다. 국민들이여. 나의 힘이 너의 힘이 되며 정의는 항상 그 시대의 폭풍을 일소함을 믿고 뜻을 강하게 하라. 국민들이여. 신은 우리와 함께 하실 것이다. 1849년 8월 11일 아르투르 괴르게이"(868~869쪽)

상의해 그 직임에서 스스로 물러나고 군국대사(軍國大事)를 그에게 일임해 수습을 도모하려 하였다. 이에 사직서를 국민들 앞에 포고하여 말하였다.[6]

오스트리아·러시아 대군이 힘을 합쳐 국경을 압박하니 내가 재주도 없이 중임을 맡았다가 군대가 패하게 되었습니다. 지금에 이르러 직무를 제대로 수행하지 못하고 국가를 그르친 죄를 어찌 감히 피하겠습니까. 지금의 국세는 위급해 하루도 버티지 못할 상황으로 존망과 발전시키는 것이 군무 총독의 손에 모두 달려있습니다. 일이 이미 여기에 이르러 성립된 정부에 무익할 뿐만이 아니라 국민에게도 해가 될까 염려됩니다. 제가 애국의 혈성을 지금 쏟아 이후의 대계를 결정하겠으니, 정부의 여러 위원들을 감히 데리고 국민을 향해 사직하고자 희망합니다. 지금부터 이후로는 일체의 군국의 중대사를 전부 괴르게이 장군 한 사람께 맡기겠으니, 장군께선 하늘과 국민을 대하고 본국의 역사를 대하여 흔쾌히 이 중임을 맡아 힘이 미치는 곳마다 반드시 정성을 다해 이 슬프고 가련한 나라를 위해 한 줄의 명맥을 힘써 이어주시길 바랍니다. 장군의 총명함과 재력은 제가 감히 믿는 바이고, 제가 감히 보장하는 바이니, 저는 덕도 부족하고 능력도 없어 힘을 다하고 부르짖으며 눈물과 피가 다하도록 망설이며 아무리 생각

---

[6] 이에 사직서를 …… 말하였다.: 「루이 코슈트」에는 이 대목에 앞서 "부다페스트성이 적에 빼앗기고 코슈트 정부가 세게덴으로 옮긴 지 만 1개월 만에"(866쪽)라고 되어 있으나 량치차오가 생략하였다.